HEINZ-PETER RÖHR

WIE SIE IHR SELBSTWERTGEFÜHL STÄRKEN

Die geheimen
Programme der Seele
entschlüsseln

PATMOS VERLAG

Wichtiger Hinweis:
Die in diesem Buch enthaltenen Informationen, Hinweise und Übungen wurden nach bestem Wissen des Autors erstellt und sorgfältig geprüft. Sie ersetzen jedoch nicht den persönlich eingeholten (psycho-)therapeutischen oder medizinischen Rat. Verlag und Autor können für Irrtümer oder etwaige Schäden, die aus der Anwendung der dargestellten Informationen, Hinweise oder Übungen resultieren, keine Haftung übernehmen. Deren Nutzung bzw. Durchführung erfolgt auf eigene Verantwortung der Leserinnen und Leser.

MIX
Papier | Fördert gute Waldnutzung
FSC® C083411
www.fsc.org

Die Verlagsgruppe Patmos ist sich ihrer Verantwortung gegenüber unserer Umwelt bewusst. Wir folgen dem Prinzip der Nachhaltigkeit und streben den Einklang von wirtschaftlicher Entwicklung, sozialer Sicherheit und Erhaltung unserer natürlichen Lebensgrundlagen an. Näheres zur Nachhaltigkeitsstrategie der Verlagsgruppe Patmos auf unserer Website www.verlagsgruppe-patmos.de/nachhaltig-gut-leben

Bibliografische Information der Deutschen Nationalbibliothek
Die Deutsche Nationalbibliothek verzeichnet diese Publikation in der Deutschen Nationalbibliografie; detaillierte bibliografische Daten sind im Internet über http://dnb.d-nb.de abrufbar.

3. Auflage 2024

Verlagsgruppe Patmos in der Schwabenverlag AG, Senefelderstr. 12,
73760 Ostfildern
kundenservice@verlagsgruppe-patmos.de
www.patmos.de
Neuausgabe der 4. Auflage des 2016 erschienen Titels *Wegweiser zum Glück. Die geheimen Programme der Seele entschlüsseln*

Umschlaggestaltung: Finken & Bumiller, Stuttgart
Umschlagabbildung: © girl-with-red-hat / unsplash.com
Druck: CPI books GmbH, Leck
Hergestellt in Deutschland
ISBN 978-3-8436-1329-3

Wie Sie Ihr Selbstwertgefühl stärken

Erkennen heißt,
alle Dinge zu unserem Besten verstehen.
FRIEDRICH NIETZSCHE

Inhalt

Teil 3 Neue Programme für ein besseres Leben

Wer Menschen aufmerksam beobachtet, wird feststellen, dass vieles, was sie tun, sich um das Selbstwertgefühl dreht: Ob wir neue Kleidung kaufen, eine schwierige Aufgabe lösen, an unserer Karriere arbeiten oder morgens vor dem Spiegel stehen, fast immer spielt dabei das Selbstwertgefühl – sozusagen im Hintergrund – eine Rolle. Den meisten ist es wichtig, vor anderen gut dazustehen, und das ist auch ganz normal! Vielen gelingt es aber trotz aller Anstrengung nicht, zu einer gesunden eigenen Wertschätzung zu gelangen.

Ein starkes Selbstwertgefühl bestimmt ganz entscheidend über die psychische Gesundheit, es macht uns resilient, selbstsicher, erfolgreicher und zufriedener. Nahezu alle psychischen Störungen gehen auf eine Störung der Selbstwertentwicklung zurück.

In diesem Buch werde ich beschreiben, wie sich das Selbstwertgefühl bildet, welche Blockaden eine positive Entwicklung behindern und vor allem, wie man effektiv an einer Verbesserung des eigenen Selbstwertgefühls arbeiten kann.

Ein besonderer Dank gilt meinen Patientinnen und Patienten, die mein neues Konzept, die Arbeit mit den *geheimen Programmen,* so engagiert angenommen und umgesetzt haben. Ich konnte förmlich zusehen, wie viele die wahren Ursachen ihrer Schwierigkeiten nach langem vergeblichen Suchen erstmals erkannten und verstanden. Die beobachtbaren therapeutischen Fortschritte, die sie mit den *neuen Programmen* erzielten, haben mich schließlich dazu veranlasst, dieses Buch zu schreiben.

Meiner lieben Frau Annemie danke ich dafür, dass sie immer wieder bereit war, das Konzept zu diskutieren und kritisch zu reflektieren; sie war maßgeblich daran beteiligt, es in eine verständliche Form zu bringen.

Dieses Buch wurde erstmals unter dem Titel »Wegweiser zum Glück. Die geheimen Programme der Seele entschlüsseln« veröffentlicht. Dem Patmos Verlag danke ich für die vorliegende Neuausgabe.

Bad Fredeburg,
im Dezember 2020
Heinz-Peter Röhr

Viele Menschen sind mit ihrem Leben nicht nur unzufrieden, sondern sie sind geradezu unglücklich. Trotz aller Anstrengungen wollen sich Lebensfreude und Glück einfach nicht einstellen. Die Ursache ihrer Unzufriedenheit ist ihnen in der Regel gar nicht bewusst: Sie haben Probleme mit ihrem Selbstwertgefühl.

Mangelndes Selbstwertgefühl aber macht nicht nur unglücklich, sondern kann Menschen in wahre Abgründe führen. Angststörungen, Depressionen, Suchterkrankungen und psychosomatische Krankheiten sind die Folge, so wie die meisten seelischen Erkrankungen auf ein gestörtes Selbstwertgefühl zurückzuführen sind.

- → Warum hat nahezu jeder Mensch in einer Leistungsgesellschaft zeitweise Probleme mit seinem Selbstwertgefühl?
- → Warum sind auch erfolgreiche Menschen unzufrieden mit sich selbst und können sich über erreichte Ziele nicht freuen?
- → Warum geraten ausgerechnet Lottomillionäre in depressive Krisen?
- → Warum machen Reichtum und Erfolg nicht glücklich?
- → Warum verbessert sich das Selbstwertgefühl trotz großer Anstrengung nicht?
- → Warum kann Lob schädlich sein oder gar nicht erst »ankommen«?
- → Warum können viele Menschen einfach nicht ruhig dasitzen, ohne etwas zu tun?
- → Wieso machen Menschen mit schwachem Selbstwertgefühl immer dieselben Fehler?
- → Wie kann man sein Selbstwertgefühl effizient verbessern?

Das sind die Fragen, denen ich im Folgenden nachgehen möchte. Ziel soll sein, einerseits zu erkennen, weshalb das eigene Selbstwertgefühl so geschwächt oder gestört ist; andererseits möchte ich aufzeigen, wie man wieder zu einer gesunden Wertschätzung seiner selbst gelangen kann, wie man förmlich »aus der Klemme kommt«. Viele stehen im Nebel und sehen die Tür nicht, durch die sie gehen müssten. Ein positives Selbstwertgefühl bildet nicht mehr und nicht weniger als die Basis für ein gesundes, erfülltes und zufriedenes Leben.

Bei meiner Arbeit mit Menschen, die unter einem gestörten Selbstwertgefühl leiden, wurde mir bewusst, dass es innere Programme sind, die Menschen hartnäckig immer wieder in dieselben Sackgassen führen und sie dauerhaft unglücklich machen. Diese inneren Programme sind seit unserer frühesten Kindheit in uns wirksam. Ich werde sie im Folgenden auch *geheime Programme* nennen, weil sie in uns ablaufen, ohne dass uns das selbst bewusst wird. Diese geheimen Programme sind vergleichbar mit einer Computersoftware, die nur bestimmte Operationen zulässt, andere aber völlig ausschließt. Menschen mit einem gestörten Selbstwertgefühl sind in aller Regel so programmiert, dass sie sich selbst, ihrem eigenen Glück und ihrer Zufriedenheit im Wege stehen, ohne es zu merken.

Im ersten Teil des Buches geht es darum, das eigene *geheime Programm* zu erkennen und zu verstehen. Auch die untauglichen Versuche, diese Programme zu bekämpfen, gilt es zu erkennen. Ich nenne sie *Gegenprogramme*. Typische Gegenprogramme werden im zweiten Teil des Buches beschrieben. Schließlich findet Veränderung nur statt, wenn es gelingt, *neue Programme* zu »installieren«. Wie man sie entwickeln und im Alltag leben kann, wird im dritten Teil beschrieben.

In diesem Buch finden sich Erkenntnisse und Konzepte aus vielen Richtungen der Psychologie und Psychotherapie. Ich habe mich bemüht, aus den unterschiedlichen Konzepten das herauszufiltern, was ich für wesentlich halte. So finden sich hier Elemente aus Psychoanalyse, Verhaltenstherapie, Transaktionsanalyse und Existenzanalyse. Spirituelle Konzepte werden ebenso berücksichtigt wie allgemeine Lebensweisheiten und philosophische Elemente.

In jedem von uns laufen mehr oder weniger schädliche Programme ab. Daher richtet sich das Buch an alle, die mit Hilfe neuer Programme aus alten Verhaltensmustern aussteigen und zu neuen Ufern gelangen wollen – zu einem gestärkten Selbstwertgefühl und einem selbstbestimmten Leben in Gelassenheit und innerem Glück.

Teil 1 Die Macht geheimer Programme

Geheime Programme bestimmen das Selbstwertgefühl

Obwohl das menschliche Gehirn kein Computer ist, verläuft unser Leben nach bestimmten Mustern und Programmen. Viele Menschen haben emotionale Probleme, weil zwei gegensätzliche Programme auf ihrer »Festplatte« existieren. Ein früh erworbenes, tief gelerntes und schon eingeschliffenes Programm stört immer wieder das aktuell geführte Leben.

> Herr K. zeigt großen Ehrgeiz bei seiner Arbeit. Seine Leistungen werden von den Vorgesetzten geschätzt. Trotzdem leidet er unter ständiger Unzufriedenheit. Seinem Anspruch, alles perfekt machen zu wollen, kann er letztlich nicht genügen. Eine innere Unruhe treibt ihn zu immer weiteren Leistungen an. So kann er weder entspannen noch seine Erfolge genießen.

Ohne dass es Herrn K. bewusst ist, existiert in seinem Innern ein störendes Programm. Das deutlich erkennbare lautet: *Streng dich an, leiste etwas, mach Karriere, überflügle die anderen.* Das andere, viel tiefer liegende Programm trägt die Überschrift: *Ich genüge nicht.* Tatsächlich ist dieses ältere Programm die Ursache für seine Unzufriedenheit und ein mächtiger Antreiber für das aktuell gelebte »Programm«. Herr K. möchte dieses *Ich genüge nicht* endlich zum Schweigen bringen. Aber sosehr er sich auch anstrengt, immer wieder meldet es sich mit zunehmender Vehemenz, selbst wenn er ein wichtiges Ziel erreicht hat und eigentlich allen Grund hätte, stolz und zufrieden zu sein. Wie ist dies zu verstehen?

Das Problem ist, dass bestimmte Programme in einen Speicher geladen werden, der sich nicht so ohne Weiteres löschen lässt. Herr K. wurde als unehelich geborenes Kind in jungen Jahren von seinem Stiefvater abgelehnt. Seine Halbschwester wurde bevorzugt, war Vaters Liebling und erreichte ihre Ziele mit Leichtigkeit. Die Zurückweisung durch den Stiefvater war für Herrn K. eine Verletzung mit nachhaltigen Folgen. Die unausgesprochene Botschaft des Stiefvaters lautete: *Deine Schwester ist mir lieber, ich mag sie mehr, sie ist besser als du, du genügst nicht.* Darüber war Herr K. schon als Kind enttäuscht, traurig und wütend, und so nahm er sich vor zu beweisen, dass er wichtig, wertvoll und liebenswürdig ist.

Kann ein Mensch den eigenen Wert beweisen? Kann man sich ein Selbstwertgefühl durch Leistung erarbeiten? Die Antwort ist ein klares Nein. Entweder jemand hat ein stabiles Selbstwertgefühl oder er hat es nicht. Wer seinen Wert beweisen will, tut dies grundsätzlich aus dem Gefühl heraus, minderwertig zu sein. Und wann ist der Beweis, doch nicht minderwertig zu sein, endlich erbracht? Wird Herr K. jemals von seinem Stiefvater akzeptiert werden? Aus der Distanz heraus ist zu erkennen, dass er sich von der Meinung seines Stiefvaters abhängig gemacht hat.

Die Versuche von Herrn K., das geheime Programm über Leistung zum Schweigen zu bringen, sind zwar verständlich, führen jedoch nicht zum gewünschten Erfolg. Im Gegenteil: Herr K. gerät in einen echten Teufelskreis, der ihn verzweifeln lässt. »Leistung und Perfektionismus« lautet sein Gegenprogramm zu *Ich genüge nicht*.

Die entscheidende Frage lautet: Wie gelingt ein konstruktiver Umgang mit der Programmierung *Ich genüge nicht*?

> Frau G. ist im Kontakt zu ihrem Vorgesetzten gehemmt. Sie weiß, dass sie eigentlich keinen Grund hat, ängstlich zu sein. Ihre Arbeitsleistung ist überdurchschnittlich gut, was in der Firma sofort bemerkt wird, wenn sie wegen Urlaub oder Krankheit fehlt.

Das erkennbare Programm von Frau G. lautet: *Ich muss es allen recht machen* und: *Ich muss/will meine Pflicht tun*. Auch bei Frau G. läuft ein schädliches, tieferliegendes Programm ab, welches sich bereits früh in ihrem Leben entwickelt und festgesetzt hat. Ihre dominante Mutter erzog sie mit großer Strenge und setzte als Mittel der Bestrafung vor allem Liebesentzug ein. Frau G. verlor nie die Angst vor Autorität. Die Angst, kritisiert zu werden, brachte sie dazu, alles perfekt machen zu wollen. Ihr tiefer liegendes Programm lautet: *Ich bin abhängig; wenn ich nicht gehorche, genüge ich nicht, werde zurückgewiesen und mit Missachtung bestraft*. Die alte Angst vor Ablehnung und Zurückweisung belastet Frau G. immer noch. Auch hier soll die Frage gestellt werden, wie sich die tiefe Programmierung positiv beeinflussen lässt.

Obwohl Herr K. und Frau G. ganz unterschiedlich sind, sollte man annehmen, dass beide über ein positives Selbstwertgefühl verfügen. Beide sind fähige und geschätzte Mitarbeiter und erhalten häufig positive Rückmeldungen. Das eigentliche Problem muss daher an anderer Stelle gesucht werden.

Wie bereits beschrieben, findet sich die Ursache in einem früh erlernten und daher auch tief »eingeschriebenen« Programm, das ich als *geheimes Programm* bezeichnen werde.

Bewusst und unbewusst versuchen die meisten Menschen, ihr inneres Defizit zu verbergen, weil sie sich für ihre Unzulänglichkeiten schämen. Der Tiefenpsychologe C. G. Jung spricht vom »Schatten«, den jeder Mensch in sich trägt. Er will nicht zu der Persönlichkeit passen, die wir eigentlich sein wollen. Die geheimen Programme gehören zu den Anteilen, die man im Grunde loswerden will. Die Auseinandersetzung damit fällt nicht leicht, ist aber, wie sich zeigen wird, notwendig.

Die geheimen Programme stehen niemandem auf die Stirn geschrieben. Oft können sie nur indirekt erkannt und entschlüsselt werden. Manchmal hat es den Anschein, als würde die Seele das negative Programm geheim halten.

Da das geheime Programm emotional erlernt wurde, lässt es sich nicht so einfach löschen. Es ist vielmehr in der Persönlichkeit fest verankert, es ist wie *eingefleischt* oder *sitzt tief in den Knochen*. Um es mit einem Bild aus der Computersprache zu beschreiben: Es gehört zum Betriebssystem. Auf der Grundlage des Betriebssystems aber laufen alle anderen Programme.

Im Folgenden werden wir immer wieder auf diese geheimen Programme stoßen, sie kennenlernen und erforschen. Sind diese Einstellungen negativ, beeinflussen sie entsprechend das Selbstwertgefühl.

Fast alle Menschen haben mehr oder weniger schädliche Programme verinnerlicht. Viele verfügen daneben auch über positive Programmierungen. Das geheime Programm kann daher auch lauten: *Ich werde mit allen Herausforderungen fertig; ich habe Glück im Leben; alles wird sich zu meinem Besten regeln; ich nehme das Leben leicht; ich mag mich so, wie ich bin; nichts kann mich aus der Bahn werfen*. Diese Programmierungen sind völlig unabhängig von Alter, Geschlecht, Herkunft, Besitz und sozialem Status.

Jeder Mensch bringt auch bestimmte Anlagen mit auf die Welt. Bei einigen Menschen reichen schon wenige kränkende Äußerungen, um zu einer tiefen Verunsicherung zu führen und eine negative Programmierung zu verursachen.

Umgekehrt gibt es Menschen, die aus schwierigsten familiären Verhältnissen kommen und trotzdem ein stabiles Selbstwertgefühl entwickelt haben. Grundsätzlich sind mangelnde Liebe, Zurückweisung, Kränkung, Vernachlässigung, körperliche und emotionale Gewalt während der Kindheit der Hintergrund für negative Programme.

Auch ist es eine Tatsache, dass geheime Programme mehr oder weniger wirksam sind. Sie können für ein leichtes Unbehagen sorgen, welches sich im Alltag kaum bemerkbar macht; mitunter können sie das Selbstwertgefühl auch so stark beeinträchtigen, dass man von einer Persönlichkeitsstörung sprechen muss.

Dabei sind wir Menschen alle gleichermaßen wertvoll, und im Prinzip kann jeder ein starkes Selbstwertgefühl in sich tragen. Was uns daran hindert, sind tief sitzende negative Programmierungen, die im Verborgenen wirken. Ohne die Bearbeitung und Veränderung dieser Programmierungen wird sich kein positives Selbstwertgefühl einstellen.

Das schnelle Glück nach einer einfachen Formel gibt es leider nicht, auch wenn der Zeitgeist dies fordert und zahlreiche Bücher dies glauben machen wollen.

Negative Programme verursachen immer eine bestimmte Dynamik, die es zu verstehen gilt. Die negative Programmierung wird durch schmerzhafte Erlebnisse ausgelöst. Um diesen Schmerz nicht zu spüren, werden Gegenprogramme entwickelt. Bei Herrn K. lauten diese: *Ich beweise, dass ich wertvoll bin! Ich arbeite hart und leiste was!* Bei Frau G. lautet das Gegenprogramm: *Ich muss mich anpassen; ich darf keine Fehler machen; ich will perfekt sein.* Aus der Distanz betrachtet stellt man allerdings fest, dass die Gegenprogramme nicht funktionieren *können*. Sosehr sich Herr K. auch anstrengt und beste Leistungen erbringt, die Kränkung durch den Stiefvater wird damit nicht rückgängig gemacht. Dasselbe gilt für Frau G.: Keine noch so perfekte Anpassung an die Erwartungen ihres Vorgesetzten kann die tief sitzende Angst vor Kritik und Zurückweisung wirklich beseitigen. Vielmehr wird sich daraus ein immer zwanghafteres Verhalten entwickeln: Herr K. wird immer mehr leisten, Frau G. wird immer perfekter werden wollen. Beide befinden sich in einer teuflischen Spirale, ohne einen Ausweg zu erkennen.

Im Entwickeln von Gegenprogrammen sind Menschen erfinderisch. Im Folgenden werden viele Gegenprogramme beschrieben, die alle wenig hilfreich sind. Wer sein Selbstwertgefühl verändern will, sollte sich mit seinem geheimen Programm und den nicht funktionierenden Gegenprogrammen befassen. Was wirklich helfen kann, ist die Installation eines neuen Programms. Das ist nicht so leicht, weil die negativen Programme meist ausgesprochen hartnäckig sind. Im dritten Teil des Buches werden neue Programme vorgestellt, wird gezeigt, wie wir nach ihnen suchen können und wie wir lernen, sie zu »installieren«.

Vaterbotschaften, Mutterbotschaften

Der Schwerpunkt der Selbstwertentwicklung liegt in den ersten fünf bis sechs Lebensjahren. Im späteren Leben können Schicksalsschläge, Verluste, Niederlagen, Demütigungen und Gewalt starken Einfluss nehmen. Wie diese Ereignisse verarbeitet werden, hängt jedoch entscheidend mit der frühen Entwicklung der Persönlichkeit zusammen.

Im Wesentlichen sind es drei Faktoren, die das Selbstwertgefühl eines Menschen maßgeblich bestimmen. Als Erstes stellt sich die Frage, wie die Beziehung zu den Eltern war, was sie gefordert und wie sie gefördert haben, wie viel Zuneigung und Wärme empfangen wurde. Auch in den beiden eingangs erwähnten Fallbeispielen war die Art der Zuneigung und des Umgangs mit wichtigen Bezugspersonen in der Kindheit ausschlaggebend. In der direkten Umgebung der ersten Lebensjahre werden entscheidende Weichen gestellt. Als Nächstes ist die Herkunft, der Status der Familie zu nennen. Der dritte wesentliche Bereich, der für die Entwicklung des Selbstwertgefühls eine große Rolle spielt, ist das eigene Körpergefühl. Wie wohl fühlen wir uns in unserer Haut? Sind wir mit dem eigenen Äußeren einverstanden oder nicht?

Auch die Gene spielen eine wichtige Rolle. Charaktereigenschaften werden vererbt und tragen zum Lebensgefühl bei. Lange wurde die Bedeutung der Erbanlagen unterschätzt. Untersuchungen an eineiigen Zwillingen, die in ganz unterschiedlichen sozialen Umfeldern aufwuchsen, zeigen jedoch in vielen Bereichen erstaunliche Übereinstimmungen. Da wir auf unsere Erbanlagen jedoch keinen Einfluss nehmen können, werden sie im Folgenden keine große Rolle mehr spielen. Wir wollen uns vielmehr mit Mitteln und Wegen beschäftigen, wie wir aktiv unser Selbstwertgefühl verbessern und zu mehr Zufriedenheit und Lebensglück gelangen können. Daher wenden wir uns jetzt Bereichen zu, die das Selbstwertgefühl maßgeblich bestimmen.

Kinder werden von ihren Eltern »gespiegelt«, das heißt, dass Eltern ihrem Kind bewusst und unbewusst ein bestimmtes Wertgefühl vermitteln. Nicht nur im gesprochenen Wort drückt sich die Haltung aus, die Eltern ihrem Kind gegenüber haben, sondern auch in Mimik, Gesten und Handlungen. Eine positive »Spiegelung« findet bei emotionaler Zuwendung statt: *Ich freue mich, dich zu sehen, ich bin gern mit dir zusammen, du bist mir wichtig.* Eine negative »Spiegelung« ist von negativen Gefühlen begleitet: *Du bist eine Last für mich, ich bin enttäuscht von dir, du genügst nicht.* Diese Spiegelungen gehen tief in die Seele ein und werden zu dem, was wir das geheime Programm nennen.

> Die Mutter der kleinen Sophie leidet unter Minderwertigkeitsgefühlen. Sie stand immer im Schatten ihrer erfolgreichen Schwester. Das Drama scheint sich in der nächsten Generation zu wiederholen, denn die erfolgreiche Schwester hat eine Tochter, die als »Vorzeigekind« Sophie weit überlegen ist. Obwohl Sophies Mutter versucht, ihrer Tochter alles zu geben, spürt Sophie die Enttäuschung der Mutter. Das geheime Programm *Ich genüge nicht* wird unweigerlich in Sophies Seele eingehen. Obwohl Sophie sehr bemüht ist, der Mutter zu gefallen, wird sich das geheime Programm nicht so einfach wieder löschen lassen.

Wie groß der Schaden ist, den das geheime Programm anrichtet, hängt allerdings von verschiedenen Faktoren ab: etwa davon, welchen Einfluss andere Personen, etwa der Vater, auf Sophie nehmen. Eine große Rolle wird auch die Anlage spielen.

Schon kleine Kinder strengen sich sehr an, um von den Eltern eine positive Spiegelung zu erhalten. Sie wollen willkommen sein und sich gut und »in Ordnung« fühlen. Das Vertrauen in die ersten Kontaktpersonen, in Mutter und Vater, ist von elementarer Bedeutung und bestimmt das Selbstwertgefühl nachhaltig. Kinder identifizieren sich mit ihrer Familie auch dann, wenn die Bedingungen äußerst ungünstig sind. Die Sehnsucht nach Geborgenheit und Heimat ist tief verankert. Jeder Mensch hat das Bedürfnis, von den Eltern akzeptiert und geliebt zu werden.

Intuitiv wird von Kindern erfasst, wie Eltern sie bewerten. Dazu gehört auch, wie sie zum Aussehen des Kindes stehen. Die meisten Eltern wollen immer stolz auf ihr Kind sein. Wenn dieses den elterlichen Erwartungen nicht entspricht, setzt das eine negative Dynamik in Gang.

Psychologische Untersuchungen haben Zusammenhänge zwischen den Namen, die Eltern ihren Kindern gaben, und bestimmten Erwartungen nachgewiesen. Leicht zu erkennen ist die Erwartung, die hinter dem Namen »Magnus« steht, sicher eine andere als bei »Benjamin«. »Susi« weckt andere Assoziationen als »Petra«. »Nomen est Omen« heißt es, und manchmal ist der Name Programm.

Auch der Tonfall, in dem Kinder angesprochen werden, spielt eine wichtige Rolle. Ist er freundlich und liebevoll oder genervt, fordernd, abweisend?

Sicher darf davon ausgegangen werden, dass diese Spiegelungen sich auf die Seele des Kindes auswirken, wie auch die Schwierigkeiten, die Eltern miteinander haben, sich in der Psyche des Kindes spiegeln.

Borderline-Patienten kultivieren beispielsweise die extrem negative Sicht der eigenen Person. Sie fühlen sich am Abgrund scheinbar besser als am sicheren Ufer. Demzufolge fällt es ihnen besonders schwer, ihre geheimen Programme loszulassen.

Eltern können ihrem Kind gegenüber ähnliche Haltungen einnehmen, jedoch werden sie sich darin immer auch unterscheiden. Jeder Mensch trägt »Mutterbotschaften« und »Vaterbotschaften« in sich. Die Botschaften der Mutter haben klassischerweise einen fürsorglichen Charakter, die des Vaters zielen eher auf Forderungen ab, etwa die Forderung, sich durchzusetzen oder etwas zu leisten. Es kann aber auch umgekehrt sein, dass die Botschaft des Vaters fürsorglich und die Botschaft der Mutter fordernd ist.

Oft unterscheiden sich die Botschaften: Wird ein Kind beispielsweise von einem Elternteil abgelehnt, kann der andere mit verstärkter Energie um Ausgleich bemüht sein. Dieser Ausgleich ist jedoch nicht möglich, da *alles* zählt, was Vater und Mutter signalisieren oder tun.

Für das Selbstwertgefühl wird daher in den meisten Fällen eine ablehnende Haltung viel größeren Einfluss haben. Die Zurückweisung durch einen Elternteil ist wie ein Fluch, der sich auf das gesamte Leben auswirkt, destruktive Energien freisetzt und selbstschädigende Handlungen provoziert.

Viele Menschen tragen ein »gespaltenes« Elternbild in sich. Sie haben ein gutes Bild von ihrer Mutter und ein negatives vom Vater bzw. umgekehrt. Dies verursacht eine mehr oder weniger starke innere Zerrissenheit. Lehnt ein Mensch Mutter oder Vater ab, lehnt er immer auch Anteile seiner selbst ab. Denn, ob er will oder nicht, er stammt nicht nur von einem Elternteil, sondern von beiden ab. Er wird beispielsweise erkennen, dass er auch sehr ähnliche Verhaltensweisen an den Tag legt wie der abgelehnte Elternteil. Dies führt oft dazu, dass bestimmte Persönlichkeitsanteile verleugnet oder abgelehnt werden (So wie mein Vater / meine Mutter will ich nicht sein).

Familienmythos

Jeder Mensch wird in eine Familie hineingeboren und vorher nicht gefragt, ob es ihm recht ist, dass er überhaupt lebt und ob er in dieser Familie aufwachsen möchte. So ist es Zufall, ob wir in Mitteleuropa in geordneten Verhältnissen aufwachsen, die Familie den Boden und den Halt für eine gesunde Entwicklung bietet, oder ob es wenig verlässliche Dinge gibt, die Familie etwa zerrüttet, eine materielle Basis kaum oder nicht ausreichend vorhanden ist. Die Familie kann die Grundlage für ein selbstbestimmtes Leben vermitteln; mitunter kann sie auch eine Last sein, die sich scheinbar nicht abschütteln lässt. Auf manchen Familien scheint ein Fluch zu lasten, wie auch auf dem Leben Einzelner scheinbar ein Fluch lastet.

Bekanntlich ist der Glaube die stärkste Energie, die dem Menschen zur Verfügung steht. Vielfach sind wir uns jedoch unseres Glaubens, unserer Haltung bezüglich unserer selbst nicht bewusst. Diese Behauptung mag zunächst Unverständnis hervorrufen, aber die meisten Menschen leben wie im Nebel, wie hinter einem Schleier. Sie wissen im Grunde viel zu wenig über sich selbst. Der bekannte Bibelspruch, dass man eher »den Splitter im Auge eines anderen sieht als den Balken im eigenen Auge«, ist zutreffend. Erst, wenn es gelingt, sich zu distanzieren, sich selbst einmal von außen zu betrachten, sozusagen mit Abstand, wird es möglich, sich über die eigene Herkunft klar zu werden. Der prägende Einfluss der Familie wird häufig unterschätzt. Man lebt in seiner eigenen Haut und glaubt, dass die Dinge so sein müssen, wie sie sind.

Zur Selbstwertanalyse gehört die kritische Betrachtung der eigenen Herkunft. Das Wertgefühl wird maßgeblich in der Familie vermittelt. Dort wird das *programmiert*, was wir über uns selbst glauben: tiefe Überzeugungen, die früh in die Seele gebrannt werden. Sie scheinen so selbstverständlich, dass sie meist nicht in Frage gestellt werden. Selbst wenn der Versuch gestartet wird, sich dagegen zu wehren: Es ist immer wieder erstaunlich, wie hartnäckig frühe Prägungen sind und sich immer wieder bestätigen.

In jeder Familie gibt es einen Familienmythos. Der Mythos ist die Urgeschichte, die das Leben prägt und bestimmt. Er besteht aus bestimmten Haltungen, Einstellungen, Wertvorstellungen und Glaubenssätzen, die von den Familienmitgliedern übernommen werden. Da die Prägung so früh beginnt, ist sie für jeden so selbstverständlich. Die Welt kann zunächst nur aus der Perspektive betrachtet werden, die als richtig und wahr vorgegeben wird. Das Weltbild eines Menschen ist für ihn so selbstverständlich, dass er wenig geneigt ist, es in Frage zu stellen.

Die Denkweise der Menschen im Mittelalter war jedoch anders als in der heutigen Zeit. Heute lacht man über den finsteren Aberglauben von damals. In hundert Jahren wird sich das Weltbild im Vergleich zum heutigen erneut radikal verändert haben. Mit Sicherheit werden sich zukünftige Generationen dann über unsere heutige »Einfältigkeit« wundern.

Um sich dem eigenen Familienmythos zu nähern, ist es gut, sich zunächst die eigenen Großeltern genauer anzuschauen. Großeltern sind insofern wichtig, als Mütter vieles von ihren Eltern übernehmen und wiederum weitergeben. Welche Einstellung hatten sie zu ihrem Leben? Welche Ideale wurden gelebt? Welche Einstellung hatten sie zu Moral, Sexualität, Leistung, Geld, Gerechtigkeit? Welche Besonderheiten gab es? Es ist sinnvoll, ihr Lebensgefühl zu erfassen. Dies lässt sich mit Hilfe der vorhandenen »Haltungen« genauer erkennen. Etwa an der Haltung: *Unser Leben ist von Entbehrungen geprägt*. Oder: *Wir werden immer arme Leute bleiben*. Oder: *In unserer Familie herrscht ein warmes Klima*. Oder: *Wir haben immer viel Spaß miteinander, wir sind eine fröhliche Familie*. Oder: *In unserer Familie gab es immer schon viel Streit (Krankheit, Unglück)*. Oder: *Das Leben ist unsicher, voller Gefahren, ungerecht*.

Nachdem man die Überzeugungen der großelterlichen Familien gefunden hat, sollte man nach der Thematik der eigenen Herkunftsfamilie suchen. Nicht selten ist zu erkennen, dass bestimmte Muster wiederkehren. In einem weiteren Schritt wäre zu erforschen, wie die eigenen Überzeugungen lauten. An dieser Stelle ist zu betonen, dass es nicht immer leichtfällt zu verstehen, wie sehr das eigene Lebensgefühl von diesen Programmierungen bestimmt ist. Vielleicht wurde mit allen Mitteln versucht, sich gegen bestimmte Haltungen und Einstellungen der Eltern zu wehren. Im Folgenden wird deutlich, dass sich gerade dadurch die Wahrscheinlichkeit, selbst Opfer dieser Programmierungen zu werden, erhöht.

Die Beziehung zum eigenen Körper

Jeder Mensch lebt in seinem Körper und ist permanent mit ihm konfrontiert. Wir identifizieren uns zu einem großen Teil über unser Aussehen und unsere Erscheinung: *Ich gefalle mir, ich bin mit meinem Körper zufrieden,* oder: *Ich bin … zu groß; … zu klein; … zu dick; … zu dünn.* Solche Aussagen/Überzeugungen sind mächtige Stimmungsmacher und verursachen mitunter eine dauerhafte Schädigung des Selbstwertgefühls. Auch einzelne Details können in die eigene Bewertung gelangen und sich schädlich auswirken: *Meine Nase ist zu dick, mein Kinn zu kantig, meine Beine sind zu kurz.* Oft werden diese Einschätzungen von den Mitmenschen überhaupt nicht geteilt. Nach dem Motto: *Deine Nase ist völlig o. k., dein Kinn völlig normal,* findet eine andere Bewertung statt. Damit ist schon eine für das Selbstwertgefühl entscheidende Erkenntnis benannt: die Bewertung! Das Selbstwertgefühl hängt in erster Linie von der eigenen Bewertung ab. Wie beurteilt ein Mensch sich selbst? Ist die Selbstbewertung negativ, entsteht zwangsläufig ein negatives Selbstwertgefühl; ist sie positiv, ist auch das Selbstwertgefühl positiv. Damit sähe die Lösung eigentlich sehr einfach aus. Wer ein negatives Selbstbild hat, sollte sich lediglich positiv bewerten, dann wird er sich besser fühlen. Dass dieses vielen Menschen nicht ohne Weiteres gelingt, ist u. a. Thema dieses Buchs.

Das Aussehen eines Menschen spielt von Anfang an eine wichtige Rolle. Psychologische Untersuchungen haben gezeigt, dass Säuglinge und Kleinkinder, die als hübsch und niedlich wahrgenommen wurden, wesentlich mehr Aufmerksamkeit und positive

Zuwendung erhielten als diejenigen, die nicht so attraktiv waren. Dieser positive Zuspruch hat unweigerlich Auswirkungen auf das Selbstgefühl. Allerdings muss bezweifelt werden, dass dies immer nur von Vorteil ist, etwa dann, wenn diese Kinder *in Watte gepackt* und verwöhnt wurden.

Verwöhnung ist eine Form der Vernachlässigung. Betroffene lernen beispielsweise nicht ausreichend, mit Frustrationen umzugehen, werden nicht wirklich erwachsen und verhalten sich in Beziehungen abhängig. Ein starkes Selbstwertgefühl kann sich nicht entwickeln, da Passivität und wenig Eigeninitiative das Leben prägen. Immer in der Erwartung, dass andere für Wohlbefinden sorgen, kann sich der Betroffene nur wenig über eigene Leistungen freuen. Oftmals entwickeln verwöhnte Menschen den hysterischen Modus: Sie versuchen, sich mit Charme durchs Leben zu mogeln, sie sind leicht verletzlich, neigen zu Dramatisierungen, verlieren schnell die Kontrolle über Gefühle wie Angst, Wut und Trauer oder flüchten sich in Krankheiten.

Generell sind attraktive Menschen oft im Vorteil: Sie werden von anderen eher positiv bewertet, bekommen eher einen Arbeitsplatz und scheinen das Leben insgesamt leichter zu bewältigen. Schönheit bedeutet allerdings nicht, dass automatisch ein starkes Selbstwertgefühl vorhanden ist. Niemand ist perfekt, und daher sind es mitunter die Kleinigkeiten, auf die man sich fixiert und die zum Komplex werden.

Das Selbstwertgefühl kann letztlich auch wenig bzw. gar nicht vom Äußeren beeinflusst sein. Menschen, die den gängigen Schönheitsidealen kaum oder nicht entsprechen, können durchaus ein starkes Selbstwertgefühl entwickeln. Entscheidend ist, ob ein inneres Programm ein Gefühl der Unzulänglichkeit erzeugt. Häufig leiden Models unter Minderwertigkeitsgefühlen, weil sie ihren Körper übertrieben genau beobachten und geringe Abweichungen als extremes Defizit bewerten. Die fachliche Bezeichnung für diese Problematik heißt *körperdysmorphe Störung*. Vielfach haben diese Fixierungen auf einen Körperteil echten Krankheitswert. Die Überbewertung von Äußerlichkeiten führt nicht nur innerhalb der Modebranche zu extremem Konkurrenzdruck, belastet das Selbstwertgefühl und führt zu unterschiedlichen psychischen Erkrankungen, Essstörungen und Süchten. Sie sind die Folge falscher Programmierungen.

Manchmal ist Schönheit eine leere Hülle – manchmal ist Schönheit die Hölle. Das Leben dreht sich nur um Äußerlichkeiten. Der Versuch, über Schönheit ein schwaches Selbstwertgefühl zu steigern, muss scheitern. Denn wann ist man schön genug? Es gibt immer noch etwas zu verbessern; kleine Unregelmäßigkeiten gewinnen einen zu hohen Stellenwert. Der Terror des Perfektionismus und Neid sind die Folge. Neid ist nicht nur ein Hinweis auf ein schwaches Selbstwertgefühl, sondern führt zu einer weiteren Destabilisierung: Es gibt immer Menschen, die besser sind.

Die Fixierung auf Äußerlichkeiten hat nicht selten Suchtcharakter. Der Zwang, immer perfekter werden zu wollen, führt in einen Teufelskreis. Berühmte Persönlichkeiten sind nicht selten Beispiele dafür, dass Ruhm und materieller Erfolg nicht zu einem stabilen Selbstwertgefühl verhelfen. Gerade die Anforderung »Bei dem Erfolg muss es mir doch gut gehen!« setzt Menschen unter erheblichen Druck.

In einer Konkurrenzgesellschaft läuft jeder Gefahr, Minderwertigkeitsgefühle zu entwickeln. Wie schon erwähnt, wird von vielen der Blick eher auf das gerichtet, was nicht perfekt ist. Geringe Abweichungen werden überbewertet; dies schürt Minderwertigkeitsgefühle und Zweifel am eigenen Wert. Große Abweichungen – etwa starke Körperbehinderungen – scheinen mitunter das Selbstwertgefühl nicht so sehr zu belasten. Menschen mit Behinderungen finden sich eher mit dem Unabwendbaren ab als jemand, der nur eine leichte Einschränkung ertragen muss. Erstaunlicherweise gelingt es Schwerstbehinderten oft, ihren Körper anzunehmen. Sie machen das Beste aus ihrer Situation, konzentrieren sich auf das, was sie können, und sind oft auch in der Lage, sich über Erfolge oder Fortschritte zu freuen. Dass sie an ihrer Entstellung nichts ändern können, steht außer Frage, daher wird diesem Thema auch keine Bedeutung mehr beigemessen. Bei »normalem« Aussehen kommt Konkurrenz viel leichter auf. Insbesondere Frauen werden stark nach ihrem Äußeren bewertet, wobei mir viel wichtiger erscheint, dass sie sich selbst zu sehr nach ihrem Äußeren bewerten und dem zu viel Bedeutung beimessen.

Die Entwicklung eines starken Selbstwertgefühls ist erst möglich, wenn man sich von seinem Äußeren unabhängig macht und aufhört, sich danach zu bewerten. Für das Selbstwertgefühl reicht es, auf ein gepflegtes Äußeres zu achten. Selbstverständlich kann man sich an einem neuen Kleidungsstück freuen. Die neue Bluse macht jedoch niemanden wertvoller oder wichtiger, auch nicht, wenn dies viele glauben.

Der Terror der Bewertung nach Äußerlichkeiten wird über Medien und Werbung massiv forciert. Viele vergleichen sich mit den abgelichteten Models oder versuchen, sich an ihnen zu orientieren. Dabei wissen die meisten nicht, dass die perfekten Bilder mit den realen Menschen wenig zu tun haben. Die Fotos werden am Computer bis zur letzten Perfektion bearbeitet, so dass von der eigentlichen Person wenig bleibt. Der Betrug hat bei vielen Folgen für das Selbstgefühl.

Wer sein Selbstwertgefühl analysieren will, sollte sich über die Beziehung zu seinem Körper klar werden. Wie bewerte ich mein Äußeres? Welchen Stellenwert hat gutes Aussehen? Bin ich mit meiner Erscheinung zufrieden? Der Satz »wahre Schönheit kommt von innen« ist keine leere Floskel. Wer Zufriedenheit ausstrahlt, wirkt anziehend; heitere Gelassenheit macht sympathisch.

Wie ist es möglich, dass scheinbare Kleinigkeiten wie eine »zu kleine« Nase oder »zu große« Ohren einen so hohen Stellenwert eingeräumt bekommen? Wer je mit solch vermeintlichen Unzulänglichkeiten konfrontiert war, wird bemerkt haben, dass man weder sich selbst noch anderen bestimmte Sichtweisen ausreden kann. Es gäbe wesentlich weniger Leid auf dieser Welt, wenn man in der Lage wäre, an diesen überkommenen Sichtweisen etwas zu ändern. Das eigentliche Problem ist das Festhalten, das *Kleben* an solch negativen Programmierungen. Dazu kommt es, weil sich Inhalte, die mit starken Gefühlen aufgeladen werden, besonders gründlich einprägen. Sie gehen sozusagen *in Fleisch und Blut* über und gehören daher zur Persönlichkeit.

Ein Beispiel: Bei der Einführung eines neuen Verkehrsschildes lernen wir als Verkehrsteilnehmer seine Bedeutung sowie die entsprechenden Verhaltensweisen. Auch hier findet eine Programmierung statt, die uns beim Wiedererkennen des Schildes entsprechend reagieren lässt. Voraussichtlich werden wir jedoch nicht ständig daran denken müssen; es fehlt die »emotionale Ladung« – das Verkehrsschild lässt uns »kalt«. Bei anderen Vorgängen oder Erlebnissen ist dies jedoch nicht so:

> Frau D. wurde als Neunjährige von einem Hund angefallen. Sie kam ins Krankenhaus und musste chirurgisch versorgt werden. Danach hatte sie eine panische Angst vor Hunden – eine Hunde-Phobie. Auch der kleinste Hund versetzte sie in große Aufregung. Im Laufe der Zeit lernte sie, auf ihre Angst vor Hunden zuzugehen und diese zu überwinden. Später, als Erwachsene, gelang es ihr, Hunde sogar zu streicheln, obwohl sie tief in ihrem Innern ein ungutes Gefühl behielt.

Anders als bei einem neuen Verkehrsschild ist die Begegnung mit Hunden für Frau D. eine emotionale Herausforderung. Der Schock sitzt tief, und erst allmählich löst sich die Angst.

Die moderne Hirnforschung konnte nach Schockerlebnissen mit Hilfe von Computertomographen Veränderungen in der Gehirnstruktur nachweisen. Ebenso verursachen neue Einstellungen und Haltungen, etwa durch Psychotherapie und Meditation, hirnorganische Veränderungen – positiver Art.

Die geheimen Programme werden in der Hypnotherapie als Trance-Botschaften bezeichnet. Wie starke Suggestionen, gegen die man sich nicht wehren kann, erreichen sie tiefe Schichten der Seele. Ob sie richtig oder falsch, schädlich oder förderlich sind, ist den Betroffenen nicht bewusst. Jedenfalls gehören sie zum persönlichen »Glaubenssystem«. Erfolgreichere und glücklichere Menschen haben eher optimistische und positive geheime Programme.

Geheime Programmierungen machen sich nicht nur bei den Betroffenen selbst bemerkbar; andere nehmen sie intuitiv wahr und reagieren mit den ihnen eigenen persönlichen Verhaltensmustern. Wenn wir die eingangs geschilderten Fallbeispiele näher betrachten, stellen wir fest, dass Frau G. ihrem Vorgesetzten durch ihr Verhalten signalisiert, dass man ihr viel Arbeit zumuten kann, ohne dass sie sich wehren wird; dass sie immer freundlich und zuvorkommend bleibt, auch wenn sie sich über die Ungerechtigkeit ärgert. Und der Vorgesetzte von Herrn K. würde sich vermutlich hüten, ihm eine weniger verantwortungsvolle Tätigkeit aufzutragen als seinem Kollegen, weil er spürt, dass Herr K. dies als persönliche Kränkung auffassen würde.

Menschen mit schwächerem Selbstwertgefühl reagieren auf Kränkungen heftiger. Sie sind verletzlicher und bekämpfen alles, was das Selbst in Gefahr bringen könnte. Kritik, Tadel, Zurückweisungen und Abwertungen werden als extremer und bedrohlicher erlebt, weil die emotionale Ladung viel größer ist: Wenn das Selbstwertgefühl negativ beeinflusst wird, geschieht dies in Verbindung mit entsprechenden Gefühlen. Man ist getroffen, daher gehen die Dinge *unter die Haut*; die Wirkung ist eher von Dauer. Hier findet eine intensive Programmierung statt, da emotionales Lernen im Vordergrund steht. Diese Programmierung lässt sich nicht so leicht rückgängig machen.

Die meisten Menschen glauben eher dem Negativen als dem Positiven. Besonders Menschen mit Selbstzweifeln neigen stark dazu, jeder noch so unwesentlichen negativen Botschaft besondere Beachtung zu schenken. Das Positive dagegen, beispielsweise ein Talent oder ein Erfolg, den man feiern könnte, wird eher als selbstverständlich und belanglos abgetan. Damit wird das Negative grundsätzlich überbewertet und verstärkt mit Emotion aufgeladen. So wird etwa die Programmierung *Ich genüge nicht* reaktiviert und so durch gedanklich entstehende Teufelskreise weiter verstärkt. Aus Informationen, die andere betreffen, werden ebenfalls eher die negativen Botschaften herausgefiltert – Positives wird geflissentlich übersehen oder abgetan.

Im Folgenden werden die gängigsten der schädlichen geheimen Programme genauer beschrieben. Die entsprechenden Ausführungen dienen gleichzeitig als Anregung und Hilfestellung, um die eigenen geheimen Programmierungen herauszufinden. Die Auflistung erhebt keinen Anspruch auf Vollständigkeit, da es unendlich viele unterschiedliche Programme gibt. Dennoch mag sie ganz nützlich sein, wenn es darum geht, die eigenen geheimen Programmierungen aufzuspüren. Neben weit verbreiteten Programmen haben viele Menschen mehrere geheime Programme gleichzeitig verinnerlicht, die sich eventuell gegenseitig negativ verstärken. Jemand, der die Programmierung *Ich bin unerwünscht* in sich trägt, hat meist auch das geheime Programm *Ich genüge nicht* entwickeln müssen.

Die Auswirkungen der geheimen Programme sind unterschiedlich stark. Grundsätzlich ist es jedoch so, dass sich ihre Wirkung verstärkt, wenn wir versuchen, sie zu bekämpfen.

Das geheime Programm wird in der Psychologie unterschiedlich bezeichnet: Da ist die Rede von der »dunklen Seite« oder vom »Schatten«, wie C. G. Jung es nannte, oder vom »Skript«, wie es in der Transaktionsanalyse heißt. In der Hypnotherapie finden wir »Trance-Botschaften«; an anderer Stelle sind die Bezeichnungen »negative Selbstrepräsentanzen« oder »dysfunktionale Kognitionen« geläufig. Der Verständlichkeit halber bleiben wir hier beim Begriff der *geheimen Programme*. Die schädlichen und die hinderlichen wollen wir nun näher ansehen, um sie für eine spätere Bearbeitung zugänglich zu machen.

Ich bin unerwünscht

Jeder Mensch hat das grundsätzliche Bedürfnis, erwünscht und willkommen zu sein. Ein Kind wird geboren und in der Familie herrscht große Freude darüber. So, möchte man sagen, soll es sein; aber in vielen Fällen ist das leider nicht gegeben. Das Kind passt nicht in die Lebenssituation, ist von einem nicht akzeptierten Partner, hat nicht das gewünschte Geschlecht, ist behindert oder verunstaltet. Oft fehlt Eltern die Fähigkeit, ein Kind zu lieben, weil sie krank sind, etwa suchtkrank, oder weil sie sich selbst nicht annehmen können. Wenn schon mehrere Kinder da sind, wird durch ein weiteres Kind die Belastung noch größer.

Ich war ein Störfaktor, formuliert es eine Patientin. *Meine Mutter war alleinerziehend und musste arbeiten. Meine Großmutter, die mich versorgte, wollte mich nicht.*

Ich habe mich immer wie eine Last gefühlt, beschreibt ein Patient seine Wahrnehmung während der Kindheit. *Niemand war für mich da, immer war ich lästig.*

Es gibt viele Gründe, warum ein Kind in der Familie nicht willkommen ist. Doch eines bleibt in allen Fällen gleich: *Ich bin nicht erwünscht*, lautet die nahezu unvermeidliche Programmierung, die sich in die Seele des Kindes einbrennen wird.

Folgendes konnte ich selbst beobachten:

> Auf einem Teich schwamm eine Entenmutter mit ihren wenige Tage alten Küken. Meine Aufmerksamkeit erregte ein kleines Küken, das von allen Geschwistern, auch von der Entenmutter, heftig attackiert wurde. Die Kleinen hackten mit ihren Schnäbeln nach ihm, und seine Verzweiflung war deutlich zu erkennen. Wie sehr es sich auch bemühte, näher an die Mutter heranzukommen, immer wieder wurde es mit Schnabelhieben zurückgewiesen. Schließlich steckte das Entenküken den Kopf ins Wasser und nahm ihn nicht wieder hoch. Ich war unfähig, den Blick abzuwenden, und musste sehen, wie der Kadaver langsam forttrieb. Das wenige Tage alte Entenküken hatte sich selbst ertränkt.

Diesen Vorfall habe ich nie vergessen. Nur zu oft muss ich bei meiner therapeutischen Arbeit die Selbstzerstörung von Menschen erleben. Nicht erwünscht zu sein gehört wohl zu den schlimmsten Erfahrungen, die ein Mensch erleben kann, und wir müssen sicher davon ausgehen, dass bei vielen Suiziden und Suizidversuchen diese frühe Programmierung eine große Rolle spielt. Auch die scheinbar unaufhaltsame Selbstzerstörung, die sich bei einigen Menschen beobachten lässt, hat ihre Ursache in der frühen Programmierung, nicht erwünscht zu sein.

Das Gefühl, nicht willkommen zu sein, verhindert Urvertrauen. Die Suche nach Sicherheit ist ein bleibendes Problem. Unbewusst sorgen diese Menschen jedoch immer wieder dafür, dass sie nicht willkommen sind. Immer wieder geraten sie in Situationen, in denen sie Zurückweisung erleben, sei es in der Familie, in der Partnerschaft, im Freundeskreis oder im beruflichen Umfeld.

Untersuchungen haben gezeigt, dass unerwünschte Neugeborene durchschnittlich weniger wiegen als erwünschte Kinder. Offensichtlich ist auch ihr Immunsystem schwächer, sie erkranken häufiger und sind insgesamt eher sogenannte »Problemkinder«.

Oft ist eine Borderline-Störung[1] die Folge dieser frühen Programmierung. Den Betroffenen ist die Suche nach dem Dunklen, dem Negativen zu eigen. Sie finden wenig Sicherheit in sich selbst und suchen sie häufig verzweifelt dort, wo sie nicht zu finden ist. Nach meiner Erfahrung ist das geheime Programm *Ich bin nicht willkommen* das negativste und meist schwerwiegendste überhaupt, mit selbstzerstörerischen Folgen.

Ich genüge nicht

Unendlich oft tragen Menschen dieses geheime Programm in ihrem Innern; es wirkt sich mehr oder weniger stark aus. In einer Leistungs- und Konkurrenzgesellschaft ist es immer so, dass es Bessere gibt, dass Neid und Missgunst zum Alltag gehören. Unweigerlich finden Vergleiche statt. Der Kampf um Anerkennung, Besitz und Macht ist für viele Lebensinhalt. Mancher fühlt sich nur berechtigt zu sein, wenn er den Leistungserwartungen seiner Umgebung entspricht.

Schon früh beginnt die Erziehung zur Leistung. Sie ist tief in der Seele der Eltern verankert, die stolz sein wollen auf ihr Kind. Mütter und Väter vergleichen ihre Kinder mit anderen und sind begeistert, wenn das ihre besser ist, traurig und deprimiert dagegen, wenn es in der Entwicklung zurückliegt.

Wie bereits erwähnt, will jedes Kind von seinen Eltern anerkannt werden. Fehlt diese Akzeptanz, wird das Selbstwertgefühl empfindlich gestört. Aus der Botschaft *Du genügst nicht* wird *Ich genüge nicht*. Eventuell werden diese Menschen lebenslänglich von einem Gefühl der Unzulänglichkeit begleitet. Wie es zur Verinnerlichung entsprechender Botschaften kommen kann, ist so vielfältig wie das Leben selbst. Da ist die Aussage einer Mutter oder eines Vaters: »Sieh doch, was deine Schwester / dein Bruder kann.« Konkurrenz zwischen Geschwistern hat nicht selten dramatische Folgen. Bereits in den ersten Bildern der Bibel wird der Mord von Kain an Abel beschrieben. Kain fühlt sich von Gott (der für den Vater steht) nicht genügend geliebt. Sein Zorn und Neid bringen ihn zum Mord an seinem Bruder. Dieser Text gehört zu den Urgeschichten, den Mythen, die immer Kernprobleme der Menschheit spiegeln. Konkurrenzdruck, »nicht genügen« oder »besser sein wollen« als andere verursachen Leid und Minderwertigkeitsgefühle, die sich wie ein roter Faden durch das Leben ziehen.

Einige Fragen stellen sich früh im Leben. Erstens: Werde ich von meinen Eltern geliebt, und zweitens: Sind sie mit meinen Leistungen zufrieden? Die Antworten können unterschiedlich ausfallen: *Ich werde von meinen Eltern geliebt, aber sie sind mit meinen Leistungen nicht zufrieden.* Bei dieser Antwort ist zumindest ein Grundbedürfnis befriedigt, nämlich sich geliebt zu fühlen. Eine weitere Antwort kann lauten: *Weil meine Eltern mit mir und meinen Leistungen nicht zufrieden sind, werde ich nicht geliebt.* In diesem Fall ist die Leistung eng mit der elterlichen Liebe verknüpft, nach dem Motto: Liebe gibt es nur für Leistung (hier stellt sich die Frage, ob das Liebe ist). Eine dritte Variante: *Für meine Eltern zählte nur Leistung, Liebe habe ich nie gespürt.* Bei dieser Antwort muss davon ausgegangen werden, dass das Grundbedürfnis nach Liebe nicht befriedigt wurde und Leistung die einzige Möglichkeit war, Beachtung und Anerkennung der Eltern oder eines Elternteils zu erlangen. Anerkennung und Liebe werden leicht verwechselt. Oft steckt hinter dem Kampf um Anerkennung der Kampf um Liebe. Die glückliche Variante *Ich habe mich immer geliebt gefühlt, auch wenn ich nicht perfekt war,* durfte nicht jeder erleben.

Den Eltern nicht zu genügen, verursacht eine tiefe Wunde, die anscheinend nicht heilen will. Sie äußert sich in der tiefen Überzeugung, selbst nicht »in Ordnung« zu sein, nicht zu genügen. Die Programmierung *Ich genüge nicht* verursacht eine Störung des Selbstwertgefühls und führt zu Verunsicherung. Betroffene fühlen sich in vielen Situationen nicht sicher, das Gefühl, nicht zu genügen, begleitet sie in vielen Lebenslagen. In schweren Fällen entwickelt sich eine »selbstunsichere Persönlichkeitsstörung«: Die Selbstsicherheit ist umfassend und dauerhaft gestört.

Bei der Besprechung der Gegenprogramme wird deutlich werden, dass es sehr unterschiedliche Versuche gibt, dieser Kränkung zu begegnen: In der Regel sind es Versuche, die scheitern müssen; echte Zufriedenheit stellt sich nicht dauerhaft ein.

Ich will der/die Beste sein, aber ich genüge nicht

Die Ansprüche der Eltern an ein Kind sind nicht selten hoch. Schon früh wird vermittelt, dass das eigene Kind das beste sein soll. Kontinuierlich werden gute Leistungen gefördert, immer höhere Erwartungen gestellt und Konkurrenzsituationen zum Vergleich herangezogen. Aus der Vorgabe der Eltern: *Du sollst der/die Beste sein* wird: *Ich muss der/die Beste sein.* Je höher die Erwartungen geschraubt werden, umso größer ist die Gefahr, dass diese nicht erfüllt werden.

Eine Form des emotionalen Missbrauchs besteht darin, dass Eltern ihr eigenes schwaches Selbstwertgefühl darüber aufrichten wollen, dass sie ihre Kinder zu Höchstleistungen anspornen. Das Kind wird zum Vorzeigeobjekt und soll das Defizit eines Elternteils auslöschen. Selten oder nie wird verstanden, dass dies nicht wirklich möglich ist. Die Unzufriedenheit bleibt, weil es immer noch besser sein könnte. Oft wehren sich Kinder gegen diese Erwartungen, da sie spüren, dass es nicht um ihr Wohl, sondern um das eines Elternteils geht. Sie wehren sich mit Leistungsverweigerung und mit Scheitern. In sich tragen sie die Programmierung: *Ich will der/die Beste sein, aber ich genüge nicht.* Versuchen sie den Erwartungen zu entsprechen, ist dies eine Anpassung; weisen sie die Ansprüche der Eltern zurück, geschieht dies meist in Form einer Trotzreaktion. Was sie wirklich selbst wollen, das wissen sie meist nicht bzw. können es auch gar nicht wissen. Ihr intensives Streben nach Unabhängigkeit bringt sie immer wieder in tiefe Abhängigkeiten.

Es ist nicht Aufgabe der Kinder, das mangelnde Selbstwertgefühl der Eltern aufzurichten. Die fachliche Bezeichnung heißt *narzisstischer Missbrauch*, da es sich um den untauglichen Versuch handelt, mit Hilfe eines anderen, in diesem Falle des eigenen Kindes, das schwache Selbstwertgefühl zu verbessern. Nur zu oft gelingt es diesen Kindern nicht, sich von den Eltern abzunabeln, sich selbst zu finden und eigene Ziele zu entwickeln.

Das geheime Programm *Ich genüge nicht* führt bei vielen Menschen zu tiefer innerer Verunsicherung. Die Selbstsicherheit ist mehr oder weniger stark beeinträchtigt. Dies kann sich in vielen Lebenslagen bemerkbar machen und zu sozialen Ängsten, Hemmungen und seelischen Krankheiten führen.

Das Gefühl der Unzulänglichkeit, welches der geheimen Programmierung, nicht zu genügen, entstammt, wirkt sich fast immer auch auf die eigene Sexualität aus. Besonders religiöse Vorschriften und Bestimmungen führten und führen zu Ängsten, Hemmungen und Störungen. So ist es kein Wunder, dass zahlreiche geheime Programme den Bereich der Sexualität betreffen.

Bei sexuellen Störungen finden sich meist früh vermittelte, unbewusst übernommene Programmierungen, die in der Regel hartnäckig und hemmend wirken. Wie eine wichtige Bezugsperson Sexualität anspricht und fühlt, berührt die Seele des Kindes tief. Auch wenn Botschaften nur indirekt zum Ausdruck gebracht werden, in Form von Andeutungen oder Beispielen, wird die Haltung intuitiv wahrgenommen und wirkt suggestiv.

Die Sexualität des Menschen ist ein sehr verletzlicher Bereich. Fast jeder ist hier leicht kränkbar, etwa, wenn er als unzulänglich bezüglich seiner sexuellen Attraktivität/Funktionsfähigkeit dargestellt wird. Beim Mann ist die sexuelle Potenz Zielscheibe von Abwertungen: Der Penis ist zu klein, die Erektion nicht perfekt u. ä. Bei einer Frau steht häufig das gesamte Erscheinungsbild auf dem Prüfstand.

Geheime Programme verursachen unendlich oft sexuelle Störungen. Insbesondere die Angst, nicht zu genügen, ist der Lustkiller schlechthin.

Ich bin zu kurz gekommen / Ich bin nicht satt geworden

Ein inneres Gefühl, »zu kurz gekommen« zu sein, ist ebenfalls bei vielen Menschen zu finden. Wohin sie auch gehen, wohin sie sich auch wenden, das geheime Programm wird sie begleiten. Dabei ist nicht wichtig, ob sie tatsächlich zu kurz gekommen sind. Es reicht der Glaube, die innere Überzeugung, dass dies der Fall gewesen ist. Nicht selten entspringt diese Auffassung einer Rivalität, die man Geschwistern gegenüber empfunden hat. Bruder oder Schwester wurden vorgezogen, sahen besser aus, hatten bessere Schulleistungen, wurden von den Eltern besser akzeptiert. Der Stachel des Neids kann sehr tief sitzen. Die tiefe Überzeugung, zu kurz gekommen zu sein, wurde und wird nie vergessen.

Herr T. musste den elterlichen Betrieb übernehmen. Der dominante Vater zog ihn schon sehr früh zu vielerlei Aufgaben heran, so dass ihm wenig Freizeit blieb. Er musste erleben, dass seine Schulfreunde ihren Hobbys nachgingen, während er für die Firma arbeitete. Seit dieser Zeit litt Herr T. unter dem Gefühl, zu kurz zu kommen. Auch die Tatsache, dass er in einen Beruf hineingezwungen wurde, den er nicht frei wählen konnte, quälte ihn. Dem Vater gegenüber (der schon lange verstorben war) hegte er tiefen Groll, den er überallhin »mitnahm«. Die Lebensfreude war blockiert, so als sei sein Leben vergiftet. Häufig beschäftigten ihn Phantasien, was alles aus ihm hätte werden können, wenn sein Vater ihn nicht so dominiert hätte.

Die Überzeugung, zu kurz gekommen zu sein, kann durch Vernachlässigung ausgelöst werden (auch im Falle von Herrn T. handelt es sich um eine Form der Vernachlässigung, da seine persönliche Freiheit missachtet wurde). Das geheime Programm kann dann auch *Ich bin nicht satt geworden* lauten. Man hat das Gefühl, nicht ausreichend mit Liebe und Wärme versorgt worden zu sein; dabei kann die Liebe sowohl von einem als auch von beiden Elternteilen fehlen. Viele Menschen tragen diesen inneren Vorwurf, nicht genügend Liebe erhalten zu haben, in sich.

In einer Industriekultur haben fast alle Menschen das Programm *Ich bin nicht satt geworden* verinnerlicht. Bei den Naturvölkern ist die körperliche Nähe der Mutter in den ersten Lebensjahren wesentlich intensiver. Der Hunger nach Liebe, Anerkennung, Erfolg, Konsum und Macht entspringt diesem geheimen Programm, nicht satt geworden zu sein. Am besten vergleicht man das Problem mit einem »inneren Loch«, in das Menschen alles Mögliche stecken, um satt zu werden. Aber auch in diesen Fällen werden wir bei der Bearbeitung der Gegenprogramme feststellen, dass sich dieses »Loch« weder mit materiellen Dingen wie Geld oder Konsumgütern noch mit ideellen Werten wie Erfolg, Macht oder partnerschaftlicher Liebe füllen lässt.

Die Programmierung, zu kurz gekommen bzw. nicht satt geworden zu sein, verursacht eine ständige Unzufriedenheit, die überallhin »mitgenommen« wird. Dieses Gefühl kann mehr oder weniger stark sein. In schweren Fällen leiden Menschen unter ständigem innerem Groll. Meist suchen sie bewusst und unbewusst irgendwelche Anlässe, um sich zu »entladen«, indem sie sich (künstlich) aufregen. Manche sind krank vor innerer Wut. Weil es ihnen nicht gelingt, Zufriedenheit herzustellen, richten sie diese Aggressionen letztlich gegen sich selbst.

Da die innere Wut ein dauerhaftes Problem bleibt, sind psychosomatische Krankheiten fast immer die Folge. Zu erwähnen sind besonders Schmerzzustände, Erschöpfung und Suchtkrankheiten.

Wie auch bei anderen geheimen Programmen richtet sich die Aufmerksamkeit vornehmlich auf Situationen, in denen sich die Programmierung bestätigt: *Wo komme ich zu kurz? Wo werde ich benachteiligt?* Dies bedeutet, dass eine pessimistische Lebenseinstellung überwiegt, das Glas ist immer halb leer. Manchmal ist bereits am Gesichtsausdruck die geheime Programmierung zu erkennen. Die Mundwinkel sind heruntergezogen und der Blick ist finster.

Die negative Ausstrahlung wirkt sich im Kontakt zu anderen aus. Insgeheim besteht ja bereits die Erwartung, dass man wieder zu kurz kommen wird. Eine sich selbst erfüllende Prophezeiung.

Ich soll anders sein, als ich bin

Dieses geheime Programm läuft bei Menschen ab, die als Junge geboren wurden, aber ein Mädchen hätten werden sollen oder umgekehrt. Kinder haben extrem sensible Antennen dafür, was Eltern erwarten. So ist es meist kein Zufall, wenn Mädchen wie Jungen heranwachsen oder Jungen wie Mädchen. Sie haben die Erwartungen der Eltern oder eines Elternteils intuitiv verstanden. In ihrem Innern bleiben diese Menschen merkwürdig zwiespältig bezüglich ihrer Identität; sie spüren, dass sie irgendwie »verkehrt«, nicht akzeptiert sind. Mitunter gelingt es, sich mit diesem geheimen Programm zu arrangieren und eine gewisse Zufriedenheit zu erreichen. Entscheidend ist, ob ein Kampf gegen das geheime Programm stattfindet. Es ist ein Unterschied, ob jemand von sich selbst sagt: *Ich bin anders (und das ist okay)*, oder *Ich bin verkehrt, nicht akzeptiert*. Verkehrt, nicht in Ordnung zu sein ist möglicherweise ein bleibendes Problem. Leider verschärfen sich die Schwierigkeiten, je mehr man dagegen ankämpft, weil sich das geheime Programm auf direkte Weise nicht löschen lässt.

Frau Z. wurde als zweites Kind von insgesamt vier Mädchen geboren. Der Vater hatte sich sehnlichst einen Sohn gewünscht. Frau Z. erinnert sich, dass sie immer nur typische Jungenspiele interessierten, mit Puppen wollte sie nichts zu tun haben. Sie suchte die Nähe des Vaters, half ihm in der Werkstatt, arbeitete mit Hammer und Beitel; die Mutter durfte davon nichts erfahren.

Auch als Erwachsene blieb Frau Z. auf ihren Vater fixiert. Da die Beziehung zu seiner Ehefrau schwierig war, suchte der Vater ihre Nähe. Die Tochter war seine Vertraute und Partnerersatz. Um sich »richtig« zu fühlen, war Frau Z. bereit, sich für andere zu opfern, alles zu tun, um die Bedürfnisse anderer zu befriedigen; sie selbst blieb auf der Strecke, fühlte sich ausgelaugt, überfordert und depressiv.

Ich bin hilflos

Hilflos zu sein oder sich selbst überwiegend hilflos zu fühlen ist meist die Folge früher Erfahrungen. Nicht selten ist Verwöhnung die Ursache für diese Programmierung. Immer wieder wurde die Erfahrung gemacht, dass man selbst nichts tun kann, vielmehr andere die Versorgung übernehmen müssen: *Das kannst du nicht; ich weiß, was für dich gut ist; ich mache das für dich* waren die Sätze, die das Kind hörte, als es schon längst selbst hätte aktiv werden müssen. Unbewusst versuchen Eltern den Prozess der Selbstständigkeit zu verhindern, weil sie selbst Bedeutung für ihr Kind behalten wollen. Sie versuchen sich daher unentbehrlich zu machen und immer wieder zu vermitteln, dass man sie braucht.

Im Grimm'schen Märchen »Das Mädchen ohne Hände« spiegelt sich das Problem der Hilflosigkeit. Man kann nicht wirklich selbst etwas für sich tun, alles müssen andere erledigen. Auch bei der Programmierung *Ich bin hilflos* handelt es sich um ein emotional erlerntes Programm. Für die Betroffenen scheint es gefährlich oder unerwünscht, wenn sie selbst für sich eintreten. Von außen wirken diese Menschen oft bequem und werden deshalb mitunter abgewertet. An dieser Stelle ist jedoch zu erkennen, dass die geheimen Programme mit zu den Überlebensstrategien gehören, die einem erwachsenen Menschen sehr hinderlich sein können. Der Glaube, nicht selbst für sich sorgen zu können, ist tief verankert. Dabei spielt es keine Rolle, ob Betroffene an anderer Stelle zielgerichtet handeln und kompetent tätig sind, etwa im Berufsleben. Für die eigenen Belange scheinen sie wie blockiert.

Ich bin ausgeliefert

Die Programmierung *Ich bin hilflos, ausgeliefert* kann sich ebenfalls durch schwierige frühe Erfahrungen entwickeln. Ein Kind ist beispielsweise körperlicher oder psychischer Gewalt ausgeliefert und gezwungen, sich dem Aggressor zu unterwerfen. Wenn es in Situationen, die gefährlich, ja lebensgefährlich sind, kein Entrinnen geben kann, bleibt dem Opfer nur noch die Möglichkeit, sich mit dem Gewalttäter zu identifizieren, ihm recht zu geben und die eigene Persönlichkeit zu opfern. Auch sexuelle Übergriffe können diese Hilflosigkeit verursachen.

Das Lebensgefühl, *ausgeliefert* zu sein, findet sich insbesondere dann, wenn es um Dominanz und Unterordnung, eine eigene Meinung vertreten, sich wehren oder um ähnliche für die Persönlichkeitsbildung und -entfaltung wesentliche Verhaltensweisen geht. Die frühe Programmierung *Ich bin ausgeliefert* verursacht eine schwerwiegende Blockierung der Antriebe und macht Menschen zu Marionetten, die sich nicht wehren können. Die Persönlichkeit ist gebrochen, sie trauen sich nicht, sich zu wehren, aus Angst vor unwägbaren Nachteilen oder Ereignissen. Oft dominiert die alltägliche Angst, erneut in Situationen zu geraten, die sie nicht kontrollieren können. Das Tragische ist zudem, dass sie unbewusst immer wieder Situationen herstellen, in denen sie sich ausgeliefert fühlen, etwa in Partnerschaften oder am Arbeitsplatz: Oft lassen sie sich ausbeuten, wehren sich nicht angemessen, setzen ihre Bedürfnisse nicht durch und können nicht Nein sagen.

Nur neue Programme, Denkstrukturen und Verhaltensweisen können den Teufelskreis durchbrechen. Die Voraussetzung dafür, dass diese gelebt werden können, ist jedoch, dass die falschen Programmierungen erkannt und verstanden wurden.

Ich bin schuldig

Die geheime Programmierung *Ich bin schuldig* findet sich häufig bei Opfern sexuellen Missbrauchs bzw. sexueller Gewalt. Die Schuld des Verbrechens nehmen sie förmlich auf sich, nach dem Motto: *Es hätte mir nicht passieren dürfen* oder *ich hätte es verhindern können/müssen*. Objektiv betrachtet gibt es meist keinen Grund, sich schuldig zu fühlen, weil es die Umstände nicht zugelassen hätten, sich zu wehren oder bestimmte Ereignisse zu verhindern. Da das geheime Programm jedoch emotional erlernt wurde, ist es rationalen Argumenten nicht zugänglich, die Schuldgefühle bleiben.

Das Erzeugen von Schuldgefühlen wird nicht selten als Erziehungsmittel eingesetzt. *Man muss dem Kind ins Gewissen reden* – ein machtvolles Instrument, um Anpassung an die Erwartungen des Erziehers zu bewirken. Schuldgefühle erzeugen Ängste und belasten tatsächlich das Gewissen sowie das Selbstwertgefühl. Schuldgefühle haben vor allem Menschen mit einer depressiven Persönlichkeitsstruktur.

Kinder fühlen sich schuldig, weil sie den Erwartungen der Eltern nicht entsprechen, nicht die gewünschten schulischen oder beruflichen Erfolge erzielen ... Schuldgefühle haben auch Menschen, die für ein Elternteil Partnerersatz waren. Sie fühlen sich moralisch verpflichtet, dafür zu sorgen, dass es dem Elternteil gut geht. Da dies jedoch nicht möglich ist, leiden sie unter Schuldgefühlen. Leicht entwickeln sie eine Opferidentität. Sie opfern sich, um sich wertvoll zu fühlen, um wenigstens auf diesem Wege zu erleben, dass sie daseinsberechtigt sind, oder auch um sich Vorwürfe zu ersparen. Letztlich bleibt jedoch das Gefühl, schuldig und wertlos zu sein; auch wenn sie sich anpassen und opfern.

Die Hintergründe, warum jemand das geheime Programm *Ich bin schuldig* entwickeln musste, sind vielfältig: Ich bin schuldig, weil ich den Erwartungen meines Vaters / meiner Mutter nicht gerecht wurde; weil ich so viele Sorgen bereitete; weil ich den Ruf meiner Familie beschädigte; weil ich meine suchtkranke Mutter / meinen suchtkranken Vater nicht retten konnte; weil ich den Tod eines Geschwisterkindes verursacht habe; weil ich mich gegen sexuelle Übergriffe nicht gewehrt habe.

Auch wenn Eltern streiten oder sich in Krisen befinden, entwickeln Kinder Schuldgefühle: *Wenn ich nicht so schlecht wäre, würden sich Mama und Papa nicht so oft streiten, würde mein Vater die Familie nicht verlassen, meine Mutter nicht trinken.*

Tiefe Schuldgefühle entwickeln sich aus Begebenheiten im Umgang mit der eigenen Sexualität, aus Fehlern, die man sich nicht verzeihen kann, sowie aus Straftaten. Nicht unweigerlich führt Reue und die Begleichung der Schuld zu einem neuen, freien Lebensgefühl.

Überdauernde Schuldgefühle belasten das Selbstwertgefühl und führen zu depressiven Stimmungen, zu Wertlosigkeitsgefühlen und daraus resultierenden Krankheiten.

Ich bin ein Verlierer

Die Programmierung *Ich bin ein Verlierer* kann mehr oder weniger stark verankert sein; auch die Auswirkungen auf das Leben sind unterschiedlich, jedoch immer nachteilig. Die Prophezeiung, ein

Verlierer zu sein, wird sich mit Sicherheit erfüllen. Klassischerweise findet sich dieses Programm bei Spielsüchtigen. Ihre Weise, sich gegen das geheime Programm *Ich bin ein Verlierer* zu wehren, ist eben das Glücksspiel. Diese Menschen bestätigen ihre innere Überzeugung auf dramatische Weise. Spielsüchtige sind immer Verlierer, denn wenn sie gewinnen, bedeutet dies lediglich, dass sie länger spielen können, nämlich so lange, bis sie gezwungen sind, aufzuhören, weil alles verspielt ist und niemand mehr bereit ist, ihnen Kredit zu geben.

Das geheime Programm, ein Verlierer zu sein, wird meist ebenfalls früh in der Kindheit entwickelt: Misserfolge in der Schule, das Gefühl, nicht zu genügen oder unerwünscht zu sein, Abwertungen seitens der Eltern, Lehrer oder Erzieher etwa können diese Überzeugung verursachen. Mitunter ist auch eine Konkurrenz zwischen Vater und Sohn die Ursache. Der Vater zeigt dem Sohn immer wieder, dass er besser ist. Sosehr sich der Sohn auch anstrengt, immer bleibt er der Verlierer. Auch die Mutter, die ihrer Tochter immer wieder vermittelt, dass sie nicht genügt, ihr demonstriert, dass sie überlegen ist, verursacht unbewusst das geheime Programm: *Du bist eine Verliererin.*

Nicht zuletzt kann die Überzeugung, aus einer »Verliererfamilie« zu stammen, zu dieser Programmierung führen.

Herr K. ist alkoholkrank und spielsüchtig. Seine Kindheit war von Vernachlässigung gekennzeichnet. Seinen Vater lernte er nie kennen, die Mutter war häufig abwesend, da sie den Lebensunterhalt verdienen musste. Im Alter von 14 Jahren begann er, Alkohol zu trinken, und wenig später, an Geldautomaten zu spielen. Trotz überdurchschnitt-licher Intelligenz brach er Schule und Ausbildungen ab, schlug sich mit Gelegenheitsarbeiten durch und musste wegen seiner Alkohol-exzesse immer wieder in Kliniken behandelt werden. Er war zutiefst überzeugt, ein »Loser« zu sein. Fast hatte es den Anschein, dass er diese Rolle immer wieder suchte. Es gab Zeiten, da schien es bergauf zu gehen. Bald jedoch zerstörte er alles wieder, was er erreicht hatte.

Bei der Selbstwertanalyse suchte er nach den geheimen Programmen, die ihn immer wieder scheitern ließen. Dabei wurde deutlich, dass es bei seiner inneren Programmierung keine positive Entwicklung geben konnte.

Das Programm *Ich bin ein Verlierer* ist – wie alle anderen Programmierungen – so lange lebensbestimmend, bis es bearbeitet und aufgelöst wird.

Ich bin das »schwarze Schaf«

In vielen Familien gibt es das sogenannte »schwarze Schaf«, welches auch die Programmierung *Ich bin ein Verlierer* in sich trägt. Sosehr sich jemand auch gegen diese Überzeugung wehrt, letztlich wird er sein Drama wiederholen müssen.

Es ist kein Zufall, dass jemand in diese Rolle gerät. Meist sind alle, einschließlich des Betroffenen, der Überzeugung, dass er selbst schuld an seinen Niederlagen und seinem Scheitern ist. Mit Abstand ist jedoch zu erkennen, dass es sich um einen Teufelskreis handelt, der schwer zu durchbrechen ist. Niemand sucht sich diese Rolle bewusst aus, daher kann nicht von Schuld die Rede sein, denn dies würde bedeuten, dass diese Rolle absichtlich gewählt wird.

Mitunter haben die Betroffenen mehrere erfolgreiche Geschwister, waren etwa weniger begabt als diese, eventuell weniger geschickt, zu ehrlich oder zu wenig diplomatisch. Mitunter waren sie schon früh Sorgenkinder, die eine besondere Form der Zuwendung benötigten und erfuhren. Bereits früh in der Kindheit schien alles auf eine wenig günstige Entwicklung hinzudeuten. Die ständigen Misserfolge verstärken die Annahme, dass die Rollenzuschreibung stimmt.

Das Drama ist, dass immer wieder mit wirkungslosen Mitteln versucht wird, die Programmierung, »das schwarze Schaf« zu sein, zu löschen. Bei einer genauen Untersuchung wird meist ein gewisser Trotz deutlich, etwa darin, dass die Dinge mit aller Macht zum Besseren gerichtet werden sollen. Es wird jedoch entscheidend darum gehen müssen zu erkennen, dass dies nicht möglich ist.

Die Rolle des schwarzen Schafes zu verlassen ist nicht leicht, es kann erst gelingen, wenn der Weg zu einem neuen Programm beschritten wird.

Ich mache immer alles falsch

Ein lästiges Programm! – für die Betroffenen selbst und für andere. Hier ist eine sich selbst erfüllende Prophezeiung am Werk. Betroffene machen häufig Fehler nach dem Motto: Ich bin sowieso ein

Pechvogel. Sie lassen keinen Fettnapf aus, sie finden ihn mit traumwandlerischer Sicherheit. Oft spüren sie den nächsten Fettnapf sogar und trotzdem – wider besseres Wissen – »rutscht« ihnen z. B. etwas Unbedachtes heraus. Die häufigen Misserfolge schwächen die Selbstsicherheit und geben dem Teufelskreis neue Nahrung. Häufig versuchen diese Menschen mit viel Energie, alles richtig zu machen, übersehen dabei Naheliegendes und landen wieder bei ihrem geheimen Programm. Erst wenn es gelingt, ein neues Programm zu etablieren, ist Änderung möglich.

Ich will Kind bleiben

»Du wirst immer unser Kind bleiben«, sagen Mutter und Vater. Wenn die Eltern das sagen, wird es wohl stimmen! Eltern hören nicht auf, für ihre Kinder zu sorgen, auch wenn sie schon längst erwachsen sind. Dies führt nicht selten zu destruktiven Abhängigkeiten.[2] Menschen bleiben innerlich wie Kinder. Sie fühlen sich nicht wie eine erwachsene Frau oder ein erwachsener Mann. Sie haben Angst vor dem Erwachsenwerden. Mit einer einfachen Übung ist ein Test möglich:

Stellen Sie sich vor einen Spiegel, in dem Sie sich vollständig sehen können, und betrachten Sie sich in aller Ruhe. Jetzt sagen Sie Ihrem Spiegelbild: »Ich bin eine Frau / ein Mann.« Spüren Sie die Wirkung, die dieser Satz in Ihrem Innern verursacht. Glauben Sie Ihren Worten, haben Sie Zweifel daran oder sind Sie davon überzeugt?

Das innere Programm *Ich will Kind bleiben* ist viel häufiger als gemeinhin angenommen. Der Schaden für Persönlichkeit und Selbstwertgefühl ist oft groß. Es bleibt etwa die Haltung, dass andere für die eigene Zufriedenheit zuständig sind. Wenn sich die Dinge nicht so regeln wie erwartet, darf man trotzig werden. Vielfach wissen diese Menschen nicht, was sie wirklich wollen, sind leicht kränkbar und können schlecht mit Krisen umgehen, da sie sich immer in der Opferrolle sehen. Im Alltag führt dies zu zahlreichen Konflikten, Ängsten, Depressionen und psychosomatischen Erkrankungen.

Die Ursache für diese Programmierung ist oft Verwöhnung. Eine andere Variante ist Trotz, die Pubertät wurde nie beendet. Man bleibt den Eltern gegenüber in trotziger Opposition. Auch im Trotz zeigt sich die Abhängigkeit von den Eltern. Die geheimen

Programme *Ich genüge nicht* und *Ich bin nicht satt geworden* sind hier in der Regel ebenfalls aktiv.

Ich bin immer krank

Krankheit kann eine prägende Rolle spielen. Besonders längere Krankenhausaufenthalte während der Kindheit können die geheime Programmierung *Ich bin immer krank* verursachen. Auch wenn diese Menschen objektiv gesund sind, fühlen sie sich nicht fit und leistungsstark. Die Aufmerksamkeit richtet sich viel zu sehr auf Krankheit, auf Beschwerden, auf Unfähigkeiten. In schlimmen Fällen wird das Krankheitsbild der Hypochondrie entwickelt. Weitere Programme wie *Ich bin schwach, ich bin depressiv, ich habe nie Glück* sind ebenfalls schädlich; sie sind nie wirklich absolut wahr, werden sich aber immer wieder bestätigen.

In der Psychotherapie ist vom »Krankheitsgewinn« die Rede. Damit ist gemeint, dass eine Krankheit hilft/helfen soll, eine schwierige zwischenmenschliche Situation zu bewältigen. Hier wird an das Mitgefühl anderer (Erzeugen von Schuldgefühlen) appelliert.

Ich bin wertlos

Ähnlich wie das geheime Programm, nicht willkommen zu sein, verursacht die geheime Programmierung *Ich bin wertlos* schwerwiegende Störungen. Massive Abwertungen, frühe Vernachlässigung, Misshandlung sowie sexueller Missbrauch verursachen dieses emotional erlernte Programm. Selbstverständlich ist die Programmierung unterschiedlich stark wirksam. Die Folgen sind in schlimmen Fällen schwer zu ertragende Leeregefühle, selbstverletzendes Verhalten, Suizid oder Suizidversuche.

Zurückweisungen, gescheiterte Beziehungen und Misserfolge sind ebenfalls Folgen dieser Programmierung. Das Gefühl der Wertlosigkeit zieht sich wie ein roter Faden durchs Leben, und unbewusst »beweisen« Betroffene die innere Überzeugung. In Partnerbeziehungen entfaltet sich das Programm in der Weise, dass man diese Menschen betrügen, ausnutzen und demütigen kann, da sie ja »wertlos« sind und sich daher zu wenig wehren. Unbewusst suchen sie immer wieder Partner, die sie abwerten und ihre »Wertlosigkeit« bestätigen.

Ich schaffe es nicht

Die suggestive Kraft, die in den Botschaften der Eltern steckt, ist immer wieder verblüffend:

> Herr G. kam mit einer leichten körperlichen Behinderung zur Welt. Die Mutter versuchte alles, um die Störung zu beseitigen. Endlose Arztbesuche, Gymnastik und ein spezielles Training sollten das Problem lösen. In der Haltung der Mutter wurde eine übertriebene Sorge deutlich. Trotz normaler Intelligenz ihres Sohnes befürchtete sie, dass er eine Sonderschule besuchen müsse. Sie vermittelte die Botschaft: »Du genügst mir nicht und du schaffst es nicht.«
>
> Herr G. versuchte sich mit extremem Ehrgeiz gegen die Befürchtungen der Mutter zu wehren. Obwohl er alle Schulabschlüsse mit Bravour meisterte, blieb eine große innere Angst, die nächsten Aufgaben nicht zu bewältigen. Auffällig war ein extremes Trotzverhalten, er opponierte gegen alles, was seine Unabhängigkeit und sein Ich-schaff-das-allein-Gefühl in Frage stellte. Trotz großer Anstrengungen scheiterte er beruflich. Er entwickelte depressive Symptome, dachte zeitweise an Suizid und versuchte, seine Angst mit Alkohol zu betäuben. Der Kampf gegen das geheime Programm *Ich schaffe es nicht* war immens. Trotzdem halfen ihm seine enormen Anstrengungen nicht gegen sein inneres Programm.

Das geheime Programm *Ich schaffe es nicht* findet sich häufig bei Menschen mit depressiven Strukturen. Sie sind pessimistisch und von Selbstzweifeln geplagt. Oft leiden sie unter »Grübelzwängen«. So entstehen regelrechte Teufelskreise. Jemand, der grübelt, versucht, Probleme »im Kopf« zu lösen, obwohl dies nicht möglich ist. Letztlich wird sich so nur die geheime Programmierung, nicht zu genügen, bestätigen; Ängste vor dem, was auf einen zukommen könnte, verstärken sich.

Auch das nächste geheime Programm findet sich häufig bei Menschen mit depressiver Struktur.

Ich muss gehorchen

Die große Anzahl von Menschen, die dieses geheime Programm verinnerlicht haben, ist kaum zu überschätzen. Eine extrem strenge Erziehung kann Kindern förmlich das »Kreuz brechen« und lebenslängliche Abhängigkeiten erzeugen. Die Angst vor den Eltern, einem strafenden Gott oder vor der eigenen Sexualität bleibt in der Seele haften und wirkt in viele Lebensbereiche hinein. Ein sicheres Anzeichen dafür, dass die strengen Vorgaben der Eltern während der Kindheit immer noch wirksam sind, ist beispielsweise die Angst vor Autorität. Ängstlichkeit, Hemmungen, Entmutigung, Pessimismus, übergroße Vorsicht, Unterwürfigkeit, Kleinmut sind typische Folgen, die letztlich ein selbstbestimmtes Leben verhindern. Die eigene Meinung wird häufig zurückgenommen, was nicht bedeuten muss, dass es sie nicht gibt. Wenn es im Folgenden um blockierte Gefühle geht, wird dies besonders beim Ausdrücken von Ärger deutlich werden.

Kinder sind existenziell auf die Eltern angewiesen, sie brauchen deren Liebe. Wenn es die Zuwendung der Eltern nur für angepasstes Verhalten gibt, opfern Kinder ihre Spontaneität, ihre kreativen Impulse und in schlimmen Fällen sogar ihre Persönlichkeit.

Die Erziehung zu Gehorsam mit Angst und Liebesentzug verursacht Hemmungen und blockiert die Persönlichkeitsentwicklung mehr oder weniger stark. Betroffene fühlen sich unzulänglich, weil sie spüren, dass das Leben an ihnen vorüberzieht, dass sie viel zu wenig von sich selbst zum Ausdruck bringen können. Sie trauen sich zu wenig zu und finden nicht die ihnen angemessene Lebensaufgabe.

Das geheime Programm *Ich muss gehorchen* führt oft zu Überanpassung. Manchmal bewirkt es jedoch das Gegenteil, nämlich Trotz. Hierin ist der Versuch zu erkennen, sich gegen das »Gehorchen-Müssen« zu wehren. Dabei stellt der Trotzige nur eine scheinbare Unabhängigkeit her. Bei Licht betrachtet bedeutet Trotz Anpassung. Wenn jemand A sagt, sagt der Trotzige B, und wenn jemand B sagt, muss der Trotzige A sagen. Trotz ist demnach die Anpassung an das Gegenteil.

Zur Lebenskunst gehört, den Mittelweg zwischen Anpassung und Unabhängigkeit zu finden. Wer sich unterwirft, sich zu sehr anpasst, wird leicht zum Spielball, den man ausbeuten kann. Wer zu sehr die Unabhängigkeit betont, wird leicht zum Außenseiter, der sich nicht in eine Gemeinschaft einfügt. Dass dies in kranken Systemen mitunter notwendig ist, zeigt die Geschichte. Der zivile Ungehorsam erfordert Mut und verantwortungsbewusste Persönlichkeiten.

Mitunter bleiben destruktive Programme nicht wirklich geheim. Besonders bei Personen mit schweren Persönlichkeitsstörungen zeigen sich die Programmierungen recht offensichtlich: *Ich bin der »letzte Dreck«; ich schlage sowieso alles kaputt; ich hasse mich.* Die destruktive Programmierung wird zum Instrument der Provokation. Wut und Selbsthass sollen erschrecken.

Extrem negative Programme sind meist das Ergebnis negativer Kindheitserfahrungen, etwa in einer äußerst belasteten Familie. Die Lebenserfahrungen, die mit solch extrem negativen Programmierungen gemacht wurden, die zu Misserfolgen führten, Beziehungen zerstörten, Depression, Sucht und andere Erkrankungen verursachten, können als Teufelskreis erkannt werden.

Borderline-Patienten kultivieren beispielsweise die extrem negative Sicht der eigenen Person. Sie fühlen sich am Abgrund scheinbar besser als am sicheren Ufer. Demzufolge fällt es ihnen besonders schwer, ihre geheimen Programme loszulassen.

Geheime Aufträge

Neben den geheimen Programmen gibt es auch geheime Aufträge. Damit sind bewusste und unbewusste Forderungen von Eltern oder anderen primären Bezugspersonen gemeint. Eine solche unausgesprochene Forderung kann lauten: *Du darfst nicht besser sein als ich.* Dies kann sich auf verschiedene Lebensbereiche beziehen, etwa auf das Aussehen: Die Mutter erträgt nicht, dass die Tochter attraktiver ist, der Vater erträgt nicht, dass der Sohn intelligenter und erfolgreicher ist.

Ein schwaches Selbstwertgefühl bei den Eltern führt zur Blockierung von Lebensenergie und Selbstentfaltung bei Tochter oder Sohn. Die Angst, die Eltern zu verletzen, erzeugt Schuldgefühle und Angst vor Erfolg: eine Zwiespältigkeit der Gefühle, die oft nicht verstanden wird. Geheime Programme wie *Ich darf nicht zeigen, wie gut ich bin; ich muss mich verstellen; ich darf keinen Erfolg haben* u. ä. entstehen.

Haben diese Eltern den Eindruck, dass es dem Kind besser geht als ihnen selbst, entwickeln sie Neidgefühle. Diese lassen sie vorwurfsvoll werden.

Ein anderer Auftrag kann lauten: *Da mein Selbstwertgefühl schlecht ist, sollst du dafür sorgen, dass es mir besser geht, indem du etwas Besonderes wirst.* Mit etwas Abstand betrachtet ist zu erkennen, dass es nicht möglich ist, das Selbstwertgefühl der Eltern zu verbessern. Auch die tollsten Leistungen eines Kindes lassen Eltern nicht wertvoller oder wichtiger werden. Werden die Erwartungen nicht befriedigt, entwickeln Kinder Schuldgefühle, die in Wut und Hass umschlagen können. Den Eltern nicht zu genügen führt fast immer zu dem geheimen Programm *Ich genüge nicht.*

Die geheimen Botschaften, die Eltern bereits früh vermitteln, beinhalten oft, dass sich Kinder als Retter fühlen müssen, auch als Retter im Alter – die Eltern wollen beispielsweise auf keinen Fall ins Altersheim abgeschoben werden.

> Die Beziehung zwischen den Eltern von Herrn Z. ist schwierig. Der Vater ist oft aggressiv, und häufig lässt er seinen Launen freien Lauf. Herr Z. kann kaum ertragen, dass die Mutter leidet. Er versucht sie zu retten. Seine eigene Beziehung leidet unter der ständigen Inanspruchnahme durch die Mutter und droht zu zerbrechen.

Aus der Distanz heraus ist zu erkennen, dass Herr Z. von seiner Mutter emotional missbraucht wird; sie müsste sich selbst wehren. Wenn er ihren Erwartungen nicht gerecht wird, stellen sich Ängste und Schuldgefühle ein, die er nur mit erneuter Anpassung verhindern kann.[3]

Kinder sind nicht dafür zuständig, dass es den Eltern gut geht. In der Regel verschärft sich die Problematik, wenn ein Elternteil oder beide suchtkrank sind. Kinder suchtkranker Eltern entwickeln häufig eine »Retteridentität« oder ein »Helfersyndrom«. Es kann auch der kranke Vater sein, das behinderte Geschwisterkind oder die gebrechliche Großmutter. Entscheidend ist, dass das Wertgefühl in engem Zusammenhang mit der Helfer- oder Retterrolle steht: *Ich bin nur berechtigt zu sein, wenn ich etwas für andere tue.* Dies bedeutet, dass Betroffene sich leer, schuldig und bedeutungslos fühlen, wenn sie nicht helfen oder helfen können. Demzufolge schaffen sie sich verstärkt Lebenssituationen, in denen dies möglich ist, indem sie etwa Berufe wie Krankenschwester/Pfleger, AltenpflegerIn oder SozialarbeiterIn ergreifen. Dem geheimen Auftrag entsprechend fällt in der Regel auch die Partnerwahl aus: Es werden Partner gewählt, die hilfsbedürftig sind.

Am Beispiel von Herrn Z. wird deutlich, dass ein Kind die eigene Mutter (den eigenen Vater …) nicht retten kann. Kinder sehnen sich immer danach, von beiden Eltern geliebt und akzeptiert zu werden. Haben die Eltern Probleme, wird nur zu oft der Versuch unternommen, sie zu retten, mit dem heimlichen Ziel, gute Eltern zu haben, die etwas geben können und auf die man stolz sein kann. Außerdem würde es dem Selbstwertgefühl unendlich guttun, wenn man so etwas Wichtiges leisten könnte. Selbstverständlich steht über allem der Wunsch, dass es dem jeweiligen Angehörigen besser gehen und es in der Familie friedlicher und harmonischer zugehen möge. Da diese Versuche aber immer scheitern müssen, bleibt die Kränkung, bleiben Schuld- und Versagensgefühle. Geradezu typisch ist, dass Kinder suchtkranker Eltern entweder selbst suchtkrank werden oder unbewusst, aber traumwandlerisch sicher Partner wählen, die suchtkrank sind, die sie dann retten wollen/müssen.

Letztlich führt das Helfersyndrom in die Selbstausbeutung. Die eigenen Bedürfnisse bleiben auf der Strecke, denn es zählen nur die Bedürfnisse der anderen. Der psychische Apparat wird chronisch überlastet, so dass die Folge auf Dauer Erschöpfung, Depression, psychosomatische Krankheiten (Kopfschmerzen, Rückenschmerzen, Magen- und Darmbeschwerden) sind.

Die suggestive Wirkung von Haltungen und Einstellungen der wichtigen Bezugspersonen ist enorm. Die Programmierung *Das Leben ist gefährlich, also sei ständig auf der Hut* verursacht unterschwellige Unsicherheit, Zweifel und Zukunftsängste. Häufig werden die Probleme der Eltern auf bestimmte Weise »vererbt«, man spricht dann von sozialer Vererbung. Die Ängste der Mutter oder des Vaters werden zu Ängsten der Kinder. Dies ist auf den ersten Blick nicht unweigerlich zu erkennen. Kinder begreifen, dass die Ängste unrealistisch sind, und wollen diese dann nicht übernehmen. Wird das Problem jedoch einer genaueren Untersuchung unterzogen, lässt sich die unterschwellige Wirkung meist in Form von Unsicherheiten und unbewussten Ängsten erkennen.

Obwohl man sich gegen die Einstellungen und Haltungen der Eltern wehrt, wirken sie sich über geheime Programme auf das eigene Leben aus. Daher ist es äußerst sinnvoll, die Einstellungen und Haltungen der Eltern zu erforschen. Die Frage lautet dann, wo sich die Programmierungen der Eltern bemerkbar machen. Wie bei einem Foto, auf dem Details erst erkennbar werden, wenn man die

Auflösung erhöht, werden die Spuren elterlicher Beeinflussung sichtbar. Diese Aufgabe stellt sich oft während einer Psychotherapie, in der Patient und Therapeut gemeinsam auf die Suche gehen. Nicht selten sind die Beeinflussungen nur schwer zu erkennen. Manchmal braucht es während einer Psychotherapie Zeit, um von den Eltern übernommene Haltungen zu identifizieren.

Über die soziale Vererbung über Generationen hinweg werden Botschaften vermittelt wie: *Ohne Partner bist du nur ein halber Mensch.* Oder: *Mir darf es nur gut gehen, wenn es meinen Kindern gut geht.*

Die Haltungen der Eltern werden sehr häufig übernommen. Dies gilt besonders für den Umgang mit Gefühlen. Das geheime Programm *Über Gefühle spricht man nicht* ist weit verbreitet. Der Umgang mit Gefühlsblockaden wird im dritten Kapitel behandelt.

Die Wurzel der geheimen Programme

Für jeden Menschen stellen sich drei zentrale Fragen:

- → Bin ich willkommen?
- → Genüge ich?
- → Bin ich »satt« geworden?

Die verschiedenen geheimen Programme, die hier beschrieben wurden, lassen sich immer auf eine oder mehrere dieser drei Fragen zurückführen.

Die Spiegelungen durch die Eltern haben immer eine starke suggestive Kraft. Aus *Du bist nicht willkommen* wird das geheime Programm *Ich bin nicht willkommen;* aus *Du genügst nicht* wird *Ich genüge nicht.*

Negative geheime Programme verursachen vor allem Wut und Schmerz. Missstimmung, Groll, Selbsthass sind Gefühle, die Betroffene letztlich gegen sich selbst richten. Auch depressive Gefühle sind im Grunde Wutgefühle, die in Form von Selbstvorwürfen und Selbstabwertungen gegen die eigene Person gerichtet werden. Das Tragische ist, dass sich diese Wut dem Anschein nach nicht auflösen lässt.

Das Charakteristische der geheimen Programme ist ihre »Langzeitwirkung«: Auch wenn es zeitweise den Anschein hat, dass ein

Problem überwunden wurde, sind die geheimen Programmierungen stärker und machen sich auf destruktive Weise immer wieder bemerkbar. Das ist in vielen Lebensläufen zu beobachten. In der Tiefenpsychologie ist vom »Zwang der Wiederholung« die Rede. Solange die wahren Ursachen für ein emotionales Problem nicht gefunden und vor allem bearbeitet wurden, müssen sich die Symptome so oder so ähnlich wieder einstellen. Vielen Menschen geht es im Laufe ihres Lebens zunehmend schlechter: Sie verbrauchen ihre Energie mit verkehrten Problemlösungen, mit den im Folgenden beschriebenen *Gegenprogrammen.*

> **→ Die größte Last, die Menschen durch ihr Leben schleppen, ist die Angst, nicht so sein zu dürfen, wie sie wirklich sind. Diese Angst wird durch die geheimen Programme verursacht.**

Die geheimen Programme in der Leistungsgesellschaft

Das Problem des Einzelnen spiegelt sich auch in der Gesellschaft wider. Die Ausbeutung des Planeten ist in erster Linie Folge der geheimen Programme *Ich bin nicht satt geworden* und *Ich genüge nicht.* Diese Programme verursachen Gier und Maßlosigkeit. Sehenden Auges steuert die Welt in vom Menschen verursachte Umweltkatastrophen. Ohne Veränderung der Denk- und Verhaltensmuster können wir diese Entwicklung nicht stoppen. Die wohlgemeinten und berechtigten Appelle vieler Politiker, Forscher, Kirchenoberhäupter und Publizisten werden wirkungslos verhallen müssen, wenn an der eigentlichen Dynamik nichts verändert wird.

Das grundsätzliche Problem der Konsumgesellschaft ist, dass es in diesem System keine Zufriedenheit geben darf. Dies würde bedeuten, dass ab einem gewissen Punkt die Sättigung erreicht wäre. Die Produktion wäre nicht mehr auf Expansion ausgerichtet.

Es liegt in der Verantwortung jedes Einzelnen, seine geheimen Programme zu verstehen und tatsächliche Lösungen zu finden. Der verantwortliche Umgang mit den vorhandenen Ressourcen wird erst möglich sein, wenn der innere Hunger eine tatsächliche Sättigung erfährt.

Teil 2 Gegenprogramme – die falsche Rettung

Im Folgenden werden typische Gegenprogramme beschrieben, mit deren Hilfe Betroffene – meist unbewusst – versuchen, geheime Programmierungen auf direkte Weise zu »löschen«. Da die geheimen Programme jedoch emotional erlernt wurden, lassen sie sich nicht löschen. Sie bleiben Bestandteil der Seele. Auch wenn Betroffene glauben, das geheime Programm »besiegt« zu haben, wird es sich bei nächster Gelegenheit umso vehementer melden. Destruktive Programme wirken auf Dauer schädlich, und leider verstärkt sich ihre Wirkung in vielen Fällen wie eine verschleppte Krankheit, die als »nicht so schlimm« abgetan, vielleicht auch als auskuriert angesehen wird, die dann jedoch erneut in einer bedrohlicheren Form ausbricht.

Die geheimen Programme wirken so nachhaltig, weil sie überallhin »mitgenommen« werden. Ein leichter, ständiger Schmerz ist schwerer zu ertragen als ein heftiger, der bald vorüber ist. Das Bedürfnis, die geheimen Programme zum Schweigen zu bringen, ist daher sehr verständlich. Wird dies jedoch mit untauglichen Mitteln versucht, entsteht ein typischer Teufelskreis nach dem Motto: Wenn ein bisschen von der Dosis nicht wirkt, benötige ich mehr davon. Darum tragen Gegenprogramme die Tendenz in sich, suchtähnlich zu entgleiten (Kontrollverlust). Ein Suchtmittel verschafft vorübergehende Beschwerdefreiheit, nach dem Abklingen der Wirkung wird sich das Problem allerdings verstärkt zurückmelden. Sehr ähnlich verhält es sich mit den Gegenprogrammen. Nur scheinbar wird das eigentliche Problem bewältigt. Da es nicht zu einer tatsächlichen Lösung kommt, wird ein Teufelskreis in Gang gesetzt. Es entstehen Symptome und Verhaltensweisen, die sich der Selbstkontrolle entziehen. Betroffene wissen oft nicht, warum sie lauter unsinnige Dinge tun und ihnen selbst abträgliche Verhaltensweisen an den Tag legen, ohne damit aufhören zu können.

Die Liste der hier beschriebenen Gegenprogramme kann nicht vollständig sein. Sie dient – wie die Liste der geheimen Programme – der Anregung zur Selbsterforschung.

Das wohl häufigste Mittel, um das geheime Programm *Ich genüge nicht* zum Schweigen zu bringen, ist Arbeit, Leistung und das Streben (nicht selten die Sucht) nach Erfolg. Die Leistungsgesellschaft suggeriert, dass Erfolgreiche ein starkes Selbstwertgefühl verdienen. Dabei sind es tatsächlich nicht selten große Minderwertigkeitsgefühle, die zu Höchstleistungen anspornen. Viele erfolgreiche Manager tragen ein falsches »Selbst«, den Nimbus von Arroganz und Überheblichkeit vor sich her. Dies sind jedoch keineswegs Merkmale eines positiven, starken Selbstwertgefühls, sondern vielmehr Hinweise auf eine narzisstische Störung und auf die Existenz eines unerwünschten Programms (z. B. *Ich genüge nicht / Ich bin nicht satt geworden*).

Das mangelhafte Selbstwertgefühl soll durch Anstrengung, Leistung und Erfolg aufgewertet werden. In einer Leistungsgesellschaft ist nur wertvoll, wer erfolgreich ist, die besten Abschlüsse macht, andere überholt und auf der Bühne des Lebens glänzen kann. Das alte, emotional erlernte Programm *Ich genüge nicht* wird aber genau in dem Moment wieder aktiv, wenn der Zenit erreicht, der größte Jubel angesagt, der Traum endlich in Erfüllung gegangen ist.

Viele haben Angst vor Erfolg, weil sie intuitiv spüren, dass Erfolg sie mit dem geheimen Programm *Ich genüge nicht* konfrontiert. Das Problem besteht darin, dass Erfolg das geheime Programm *Ich genüge nicht* keineswegs löscht, sondern wie unter einer Lupe verstärkt.

Auf dem Weg zu einem Ziel fühlen Betroffene sich wesentlich besser. Sie leben von der Hoffnung, dass das geheime Programm *Ich genüge nicht* nach Erreichen des Zieles endlich schweigen wird. Die Ahnung oder das Wissen, dass dem nicht so ist, erzeugt schon Angst vor dem Erfolg.

Für viele gilt: *Wenn ich Erfolg habe, müsste es mir sehr gut gehen, leider ist das Gegenteil der Fall.* Oft wird dies nicht zugegeben: *Ich habe Erfolg, also geht es mir gut!* Ein Selbstbetrug! Leere, Langeweile, das Gefühl von Sinnlosigkeit machen sich breit. Das ersehnte Gefühl von tiefer Zufriedenheit aber stellt sich nicht ein.

Aus der Distanz erkennen wir, dass sich ein stabiles Selbstwertgefühl nicht wirklich durch Arbeit und Leistung erreichen lässt. Der Stachel des Minderwertigkeitsgefühls treibt an wie eine innere Peitsche. Die Folge ist die Unfähigkeit, wirklich ruhig zu werden, zu entspannen und Muße und Erholung zu erleben.

Zwei gleichermaßen qualifizierte Mitarbeiter arbeiten gemeinsam an einem Projekt und erhalten für ihre Arbeit dasselbe Gehalt. Allerdings sind die beiden ganz unterschiedliche Persönlichkeiten. Der eine, nennen wir ihn Herrn A., trägt das geheime Programm *Ich genüge nicht* in sich. Infolgedessen strengt er sich besonders an, um zu beweisen, dass er den Anforderungen gewachsen ist. Mit seinem unentwegten Bemühen, möglichst keine Fehler zu machen, setzt er sich selbst unter Druck. Er ist leicht zu verunsichern, und sein Blick richtet sich viel zu häufig auf die Bereiche, die er nicht so perfekt beherrscht. Er vergleicht sich mit anderen und bewundert insgeheim diejenigen, die (nach seinem Dafürhalten) »besser« sind als er. Ihnen gegenüber fühlt er sich minderwertig. Seine Angst vor Kritik ist groß, und er tut alles, um nicht kritisiert zu werden. Er leidet häufig unter der Angst, seinen Arbeitsplatz zu verlieren. Seine innere Unsicherheit versucht er durch besondere Leistungen zu kaschieren: Oft lässt er sich zu Mehrarbeit heranziehen, wird von anderen missbraucht, da er sich nicht traut, sich zu wehren, etwa wenn es darum geht, unbeliebte Tätigkeiten zu übernehmen. Seinen Ärger frisst er oft in sich hinein, und wenn er ihn äußert, dann an den »verkehrten« Stellen. Herr A. ist auf das Lob seines Vorgesetzten angewiesen, ja geradezu abhängig davon. Wird er jedoch tatsächlich gelobt, befriedigt ihn dies nur für kurze Zeit, weil sich in seinem Innern erneut das geheime Programm *Ich genüge nicht* meldet. Betroffene können einem Lob keinen Glauben schenken: Bestimmt ist das Lob nicht echt, nicht wirklich so gemeint, in anderen Bereichen genüge ich ihm ja auch nicht. So können Lob und Anerkennung nicht genossen werden. Trotzdem bleibt der »Hunger« nach weiteren Würdigungen bestehen.

Mit etwas Abstand ist zu erkennen, dass Herr A. in seinem Selbstwertgefühl vom Urteil anderer abhängig ist, ein abhängiges Selbstwertgefühl entwickelt hat. Immer wieder benötigt er die Versicherung von außen (von Vorgesetzten), dass er okay ist.

Herr B., der die oben genannte geheime Programmierung nicht in seinem Innern trägt, erledigt die ihm übertragene Aufgabe wesentlich gelassener. Er hat ein persönliches Interesse daran, seine Arbeit gut und richtig zu erledigen. Er weiß, dass auch von seiner Arbeitsleistung der Bestand der Firma abhängt. Nach getaner Arbeit kann er abschalten, sich erholen und hat neben seiner beruflichen Tätigkeit viele andere Interessen, die ihn befriedigen. Herr B. ist nicht auf das Lob des Vorgesetzten angewiesen, weil er in der Lage ist, seine Arbeitsleistung selbst zu beurteilen; er weiß, was er wert ist. Er verfügt damit über ein unabhängiges Selbstwertgefühl.

→ Das Selbstwertgefühl kann nicht durch Bewunderung verbessert werden.

Das Selbstwertgefühl entsteht durch unser eigenes Denken und Handeln, also in unserem eigenen Innern. Eine Lösung kann nicht von außen herbeigeführt werden, etwa dadurch, dass wir andere dazu bringen, uns zu bewundern. Nur wenn das Selbstwertgefühl von innen her stabil ist, kann Zustimmung und Anerkennung integriert werden und positiv wirken.

Vier, wahrscheinlich sogar fünf der sechs amerikanischen Literaturnobelpreisträger waren Alkoholiker. Trotz höchster Ehren und Ruhm blieb der Stachel der Minderwertigkeit in Form geheimer Programme.

Arbeit, Leistung und das Streben nach Erfolg sind oftmals auch Versuche, andere geheime Programme zu löschen. Auch wer das Programm *Ich bin nicht willkommen* in sich trägt, beabsichtigt meist, seine Existenzberechtigung durch extreme Leistungen zu erarbeiten. Er will beweisen, dass er wichtig und wertvoll ist. Mitunter wird auch versucht, die Daseinsberechtigung zu »erkaufen«. Wer glaubt, das »schwarze Schaf« zu sein, wird sich zumindest zeitweise enorm anstrengen, um zu zeigen, dass er in Ordnung ist. Wie zu erwarten, bleibt die geheime Programmierung jedoch bestehen. Auch das geheime Programm *Ich bin nicht satt geworden* kann dazu verleiten, extreme Leistung zu erbringen, um so beispielsweise materielle Möglichkeiten zu schaffen, die dann das »innere Loch« stopfen sollen.

Ich bin perfekt – also fühle ich mich toll. Leider nur kurzfristig, denn man muss immer perfekter werden. Das geheime Programm *Ich genüge nicht* bringt Betroffene häufig dazu, sich besonders anzustrengen, sie wollen perfekt sein. Unter ihrem hohen Anspruch leiden sie selbst und lassen, ohne dies zu wollen, auch andere darunter leiden. Selten wird verstanden, dass hinter Perfektionismus ein mangelndes Selbstwertgefühl steckt.

In vielen Berufen und in vielen Lebenslagen sind Genauigkeit und Präzision unabdingbar. Wenn Perfektionismus jedoch ein Gegenprogramm ist, will sich Zufriedenheit nicht einstellen. Perfektionismus wird dann auch dort praktiziert, wo es gar nicht notwendig ist, etwa, wenn es darum geht, die Wohnung zu putzen. Sauber ja, aber keimfrei? Perfektion um der Perfektion willen? Die Zufriedenheit über die getane Arbeit bleibt aus, weil immer noch irgendwo ein Stäubchen zu sehen ist. Ein Perfektionist kann nicht delegieren, weil die eigene Vollkommenheit von niemandem erreicht werden kann. Der Zwang zu immer mehr Perfektion wird zur Selbstüberforderung und damit zum Problem. Man kann nicht mehr richtig entspannen, weil die Psyche überfordert ist.

Viele leiden sehr unter ihren perfektionistischen Ansprüchen, sind jedoch unfähig, ihr Verhalten zu ändern. Bei Gegenprogrammen insgesamt, insbesondere aber bei Perfektionismus zeigt sich ein typischer Kontrollverlust, dem sich Betroffene ausgeliefert fühlen. Die Angst, nicht zu genügen, sollte durch Perfektionismus aufgelöst werden; tatsächlich werden durch Perfektionismus jedoch immer neue Ängste geschürt. Wenn »Putzen« als Gegenprogramm zur Bekämpfung von Minderwertigkeitsgefühlen missbraucht wird, kann etwa das Reinigen der Wohnung zum Zwang werden. Die Tätigkeit des Reinigens verschafft das Gefühl, gut und in Ordnung zu sein. Wird der Vorgang unterbrochen, macht sich wiederum ein Gefühl der Unzulänglichkeit breit. Der Teufelskreis ist geschlossen, wenn Betroffene beginnen, sich wegen ihres extremen Putzens selbst zu verurteilen: *Ich fühle mich schlecht, weil ich so viel putze (oder wasche); weil ich mich schlecht fühle, suche ich wieder Erleichterung im Putzen (Waschen).* Hinzu kommt, dass Partner und andere Angehörige des Haushalts den oder die Erkrankte wegen der Zwangstätigkeiten häufig für »verrückt« erklären, was zur weiteren Steigerung der Schuld- und Schamgefühle beiträgt.

Das geheime Programm *Ich genüge nicht* lässt sich, wie dargestellt, durch Arbeit nicht beseitigen. Auch die hervorragendsten Leistungen werden das geheime Programm nicht zum Verstummen bringen. Herr A. ist in einen Teufelskreis geraten. Für sein Bedürfnis, das geheime Programm zum Schweigen zu bringen, kennt er nur eine Lösung: Arbeit, Leistung, Lob, Anerkennung. Dies führt leicht in eine Arbeitssucht. Nicht das erwünschte Gefühl von Zufriedenheit und Ruhe, sondern das Gegenteil stellt sich ein.

Herr A. sieht durchaus, dass andere weniger arbeiten, sich abgrenzen können, dass sie »leichter durchs Leben gehen«. Dies macht ihn neidisch, was er aber nicht zugeben darf; vielmehr hält er alle, die weniger als er selbst arbeiten, für »Drückeberger«. Seine Antwort auf dieses Problem: noch mehr arbeiten.

Arbeitssucht kann man auch an einem »Kontrollverlust« erkennen. Dies bedeutet: Jemand kann nicht mehr aufhören zu arbeiten, er arbeitet bis zur Erschöpfung und darüber hinaus, oft so lange, bis äußere Bedingungen ihn daran hindern weiterzuarbeiten. Arbeitssüchtige (»Workaholics«) haben ein »Erklärsystem«, warum sie so viel arbeiten: *Die Firma braucht mich; die Situation verlangt so viele Überstunden; mein Chef erwartet das von mir; ich brauche das Geld, um meinen Verpflichtungen nachzukommen.*

Arbeit wird hier zur Droge, die den Anschein erweckt, problemlösend zu wirken; die Wirklichkeit sieht anders aus: Je mehr Herr A. in den Strudel der Arbeitssucht gerät, umso stärker wird sich die geheime Programmierung, nicht zu genügen, verfestigen. Die permanente Selbstüberforderung wird früher oder später zum Zusammenbruch führen. Das, was Herr A. mit aller Macht verhindern wollte, wiederholt sich und tritt auf tragische Weise ein: Er entwickelt typische Überforderungssymptome wie Schlaflosigkeit, Fahrigkeit, Konzentrationsschwäche, innere Unruhe, Ängste, depressive Verstimmungen. Er hat das Gefühl, gescheitert zu sein, und das geheime Programm *Ich genüge nicht* hat sich wieder bestätigt. Nach dem Zusammenbruch und einer Phase der »Zwangserholung« beginnt für viele der erneute Kampf um Anerkennung.

An dieser Stelle ist zu erkennen, dass der Kampf gegen das negative geheime Programm *Ich genüge nicht* so keinesfalls zu gewinnen ist. Bezüglich der geheimen Programme gilt die Regel: Alles, was man bekämpft, wird verstärkt.

Der erste Schritt in die richtige Richtung besteht darin, das geheime Programm anzuerkennen. Es ist vorhanden und gehört zur eigenen Persönlichkeit wie die Farbe der Augen. Wie man konstruktiv mit den geheimen Programmen umgeht, wird im dritten Teil ausführlich erläutert.

Macht

Auch das Streben nach Macht kann ein Gegenprogramm sein. Leitung und Führung ist in jeder Gesellschaft mit Macht verbunden. Macht ist grundsätzlich positiv, wenn sie zum Wohle aller nach demokratischen Regeln »gepflegt« wird. Macht wird missbraucht, wenn jemand versucht, seine Minderwertigkeitsgefühle mit dem Streben nach einer Machtposition zu kompensieren. Oft sind die geheimen Programme *Ich bin wertlos* bzw. *Ich genüge nicht* Auslöser und Antrieb dafür, Führungs- und Leitungspositionen mit allen Mitteln anzustreben.

Gefährlich für ein Volk sind Führer, die extrem negative geheime Programme in sich tragen. Frühe Demütigungen und Herabwürdigungen verursachen tiefe Wunden und das geheime Programm *Ich bin wertlos*.

Von Sadam Hussein ist bekannt, dass er von seinem Onkel, bei dem er aufwuchs, schwer misshandelt und gedemütigt wurde. Seine rücksichtslose Gier nach Macht war der untaugliche Versuch, sich gegen die geheime Programmierung *Ich bin wertlos* zu wehren.

Wenn jemand versucht, seine geheime Programmierung über politische Ämter »wegzuarbeiten«, wird er zum »Politjunkie«. Immer wieder ist dann zu beobachten, dass beispielsweise körperliche Symptome nicht beachtet werden. Selbst nach mehreren Herzinfarkten weigern Betroffene sich, zur Kenntnis zu nehmen und zu verstehen, dass sie auf einem falschen Weg sind; sie können nicht aufhören.

Wer Macht missbraucht, bleibt unzufrieden, weil das geheime Programm nicht schweigen will. Der Zuwachs an Macht lädt dazu ein, noch mehr Macht auszuüben. Auch wenn es nach außen überhaupt nicht so erscheinen mag, bleibt die innere Verzweiflung vor dem Hintergrund einer oder mehrerer Programmierungen: *Ich bin wertlos, ich genüge nicht, ich bin nicht satt geworden, ich bin zu kurz gekommen.* Eine besondere Anfälligkeit, Macht zu missbrauchen, entwickeln Menschen mit einer narzisstischen Persönlichkeitsstörung. Die Gier nach Anerkennung entspringt dem tiefen Wunsch nach Wert und Akzeptanz, der in früher Kindheit nicht befriedigt wurde. Eine permanente quälende Unzufriedenheit und Groll bestimmen ihr Dasein.

Diese Menschen erlebten sich in einer frühen Lebensphase ohnmächtig und ausgeliefert. Der Versuch, selbst Macht auszuüben, kann die tiefe Wunde jedoch nicht schließen. Eine Machtposition und die damit einhergehende Bewunderung durch andere können Liebe nicht ersetzen. Da die Liebe der Eltern fehlte und nicht integriert werden konnte, fehlt die Fähigkeit zur Selbstliebe. Daher kann auch geschenkte Liebe nicht integriert werden. So leiden diese Menschen unter quälender Leere und Langeweile.

Menschen mit einer narzisstischen Persönlichkeitsstörung streben in Betrieben und Organisationen nach Macht. Diese dient jedoch der Befriedigung egoistischer Bedürfnisse. Solche Menschen sind gefährlich, da sie rücksichtslos ihre persönlichen Ziele verfolgen. Nicht die Interessen der Firma oder Institution stehen im Vordergrund, sondern die eigene Karriere bzw. materieller Zugewinn. Viele Betriebe werden auf diese Weise »gegen die Wand gefahren«.[4]

Die exzessive Gier vieler Topmanager stellt eine reale Bedrohung der Gesellschaft dar, wie die Finanzkrise im Jahr 2008 gezeigt hat. Die Unersättlichkeit vieler Führungspersonen lässt darauf schließen, dass viele unter dem geheimen Programm, nicht satt geworden zu sein, leiden.

Maskierungen und Rollenspiele

Geheime Programme werden oft hinter einer Maske versteckt. Diese ist manchmal schon so zur zweiten Haut geworden, dass Betroffene dies gar nicht mehr bemerken. Sie spielen den Überlegenen, den Unverletzlichen, den Unerreichbaren, den Tonangebenden. Hinter grandiosen Masken versteckt sich ein »verletztes Kind«, das sich klein und minderwertig fühlt.

Es ist verständlich, dass Erwachsene mit den Kränkungen und Zurückweisungen, die sie während der Kindheit erlebt haben, nicht mehr konfrontiert werden wollen. An dieser Stelle sei jedoch erneut betont, dass die emotional erlernten Programme im Verborgenen weiterwirken und immer stärker sind.

Es gilt der Grundsatz: *Je arroganter und übertriebener die Maske, die jemand trägt, umso größer ist die innere* Not. Ein nach außen stark wirkendes Selbstwertgefühl kann falsch sein. Bei Menschen mit einer narzisstischen Persönlichkeitsstörung findet sich ein »falsches Selbst«. Man spürt, dass sie unecht sind und lediglich eine Rolle perfekt spielen. Sie selbst finden ihr eigenes Verhalten in Ordnung, sie glauben, so sein zu müssen.

Menschen sind erfinderisch im Verbergen ihrer geheimen Programme. Masken gehören zum Theater, und mitunter ist das Leben Drama oder Komödie, immer mit dem Ziel, das geheime Programm zum Schweigen zu bringen.

Frau D. spielt die Hilflose, die immer zu kurz Gekommene; sie ist auf diese Rolle fixiert. Oft findet sie andere, die ihr helfen; letztlich bleibt sie jedoch weit hinter ihren Möglichkeiten, weil sie jede Eigeninitiative scheut.

Herr T. liebt theatralische Auftritte. Viele lachen hinter seinem Rücken über ihn. Sein geheimes Programm *Ich bin unwichtig* versucht er verzweifelt durch das Erregen von Aufmerksamkeit zu überspielen. Selbstverständlich spürt er, dass er meist nicht ernst genommen wird. Dies veranlasst ihn jedoch, sich verstärkt zu produzieren.

An diesen Beispielen wird deutlich, dass es mitunter nicht so leicht ist, das Gegenprogramm zu verlassen. Man hat sich mit dem »bequemen Elend« arrangiert und findet nicht den Mut zur Veränderung. Gegenprogramme gehören häufig zu den Überlebensstrategien. Sie sind Bestandteil des täglichen Lebens und der Persönlichkeit. Sie sind ich-synton; das bedeutet, dass der Betroffene glaubt, selbst in Ordnung zu sein. Er hält sich für »echt« und realisiert nicht, dass sein Handeln destruktiv für ihn ist.

Sich unsichtbar machen

Frau F.s Vater war suchtkrank. Während der Kindheit lebte sie in ständiger Angst vor seinen Aggressionen. Im betrunkenen Zustand war er unberechenbar, zerstörte Einrichtungsgegenstände und wurde der Mutter gegenüber gewalttätig. Diese war überfordert, da sie für den Lebensunterhalt der Familie sorgen musste und gleichzeitig bemüht war, die Kinder vor dem aggressiven Vater zu schützen.

> In *Ich mache mich unsichtbar* entdeckte Frau F. eines ihrer Gegenprogramme. Weiterhin stellten sich auch die geheimen Programme *Ich bin überflüssig und unerwünscht* ein. Aufgrund der ständigen Bedrohung durch den Vater hatte sie die Strategie entwickelt, sich unsichtbar zu machen. Auch die überforderte Mutter wollte sie schonen, indem sie auf eigene Ansprüche verzichtete. Sie wollte nicht auffallen, da sie so die größtmögliche Konfliktfreiheit erlebte. Sie passte sich an und erledigte unauffällig die ihr zugewiesenen Aufgaben.

Das Gegenprogramm, sich unsichtbar zu machen, ist immer ein Versuch, sich unliebsamen Kontakten zu entziehen. Dabei entsteht eine generelle Kontaktscheu, die dazu führt, dass jemand versucht, sozusagen »auf Zehenspitzen« zu leben. Er schöpft seine Fähigkeiten bei Weitem nicht aus, und befriedigende und bereichernde Kontakte werden nicht wahrgenommen.

Überanpassung

Für viele geheime Programme lautet das Gegenprogramm *Anpassung*. Dabei ist nicht jegliche Form der Anpassung ein Gegenprogramm. In jeder Gesellschaft gibt es Regeln und Bedingungen, denen sich der Einzelne anpassen muss, um zurechtzukommen; dies ist eine Notwendigkeit. Wenn Anpassung zum Gegenprogramm wird, handelt es sich daher meist um Überanpassung. Man möchte den Erwartungen gerecht werden, möchte genügen, erwünscht sein, anderen gefallen oder Ängsten entgegenwirken. Nicht selten führt diese Form der Anpassung zur Ausbeutung. Betroffene trauen sich nicht, sich zu wehren und berechtigte Bedürfnisse durchzusetzen. Gegenprogramme tragen immer die Tendenz in sich, dem Selbstwertgefühl zu schaden. Jemand, der sich nicht wehrt, Ausbeutung erlebt, sich nicht abgrenzen kann, verfügt auch aufgrund seines Verhaltens über ein schwaches Selbstwertgefühl. Es besteht also eine Wechselwirkung zwischen einem gestörten Selbstwertgefühl und dem daraus resultierenden destruktiven Verhalten. Wenn weiter unten die »neuen Programme« angesprochen werden, wird es besonders darum gehen, sie umzusetzen und zu leben. Ohne konkrete Verhaltensänderungen wird es keine Verbesserung des Selbstwertgefühls geben.

Grübeln
Ein verbreitetes Gegenprogramm ist Grübeln. Gedanken, die sich im Kreis drehen und nicht zu wirklichen Lösungen führen, sind schädlich. Sie verursachen innere Spannungen, Missempfindungen, führen zu depressiven Gefühlen und psychischen Symptomen wie Angst, innere Unruhe und Schlafstörungen.

Viele Menschen leiden unter Grübelzwängen, d. h., sie haben die Kontrolle über ihre Gedanken verloren, sie können Gedankengänge nicht willentlich beenden. Dabei dreht sich das Gedankenkarussell immer schneller, ohne dass es zu einer wirklichen Lösung kommt. Mit zielgerichtetem Denken hat das nichts zu tun, auch wenn dies oft schwer zu unterscheiden ist.

Es ist unmöglich, Probleme, die nur durch Handeln behoben werden können, »im Kopf« lösen zu wollen.

> Frau T. sorgt sich um ihre erwachsene Tochter. Diese lebt mit einem Partner zusammen, der aus Frau T.s Sicht völlig ungeeignet ist und die Tochter mit Sicherheit unglücklich machen wird. Die Gedanken an die Tochter lassen die Mutter nicht los, über Grübeln sucht sie eine Lösung herbeizuführen.

Für Frau T. bestünde eine wirkliche Lösung des Problems darin, die Tochter »loszulassen«. Sie wird ihre eigenen Fehler machen müssen, hoffentlich daraus lernen und Krisen als Chance verstehen. Frau T.s geheimes Programm lautet: *Ich muss eine perfekte Mutter sein. Ich bin dafür verantwortlich, dass es meiner Tochter gut geht.* Die Tochter lieben heißt, sich nicht in ihr Leben einzumischen. Bei der weiteren Analyse ihrer geheimen Programme wurde deutlich, dass sie auch die Programmierung *Ich genüge nicht* in sich trägt und als Gegenprogramm dazu Perfektionismus.

Die zentrale Frage lautet: Handelt es sich bei dem, was sich gerade in meinem Kopf abspielt, um zielgerichtetes Nachdenken oder um Grübeln? Zielgerichtetes Denken führt, indem man sich für konkrete Handlungsschritte entscheidet, zu einer Strategie, zur Problemlösung. Für Frau T. wäre als neues Programm *Ich bin nur für mein Leben verantwortlich (nicht für das Leben meiner erwachsenen Tochter)* richtig. Die Gedanken wären in die Richtung zu lenken, was sie selbst für sich tun müsste, um sinnvoll zu leben. In der Erziehung zählt nur das Modell. Das Einzige, was die Mutter für ihre Tochter tun kann, ist, ihr vorzuleben, wie man als erwachsene Frau ein eigenständiges Leben führen kann.

Helfen

Der Versuch, sein Selbstwertgefühl durch Hilfeleistungen zu steigern, ist weit verbreitet. Wer das geheime Programm *Ich muss viel tun, um geliebt zu werden* in sich trägt, gerät leicht in die Helfer- oder Retterrolle. Ohne dass der Betroffene selbst es bemerkt, gerät er in den Teufelskreis des »Helfen-Müssens«.

Der Hintergrund des Helfersyndroms ist meist ein emotionaler Missbrauch, der während der Kindheit stattgefunden hat. Kinder übernehmen für ihre Eltern mitunter eine wichtige Aufgabe: Sie sollen dafür sorgen, dass es den Eltern gut oder zumindest besser geht. Sie sind Partnerersatz, Tröster in schwierigen Lebenssituationen, »Blitzableiter«, das »schwarze Schaf« in der Familie, auf dem man alles abladen kann, oder Babysitter für jüngere Geschwister. Sie sind nur wirklich wichtig und daseinsberechtigt, wenn sie viel für andere tun.

Das Leben von Menschen mit Helfersyndrom befindet sich nicht im Gleichgewicht. Sie leben viel zu sehr für andere, können schlecht nein sagen und werden deshalb leicht ausgebeutet. Sie können sich kaum wehren, »schlucken Ärger hinunter« und neigen zu depressiven Verstimmungen.

Aus der Distanz heraus ist zu erkennen, dass man über Helfen ein geheimes Programm nicht zum Schweigen bringen kann. Das Selbstwertgefühl bleibt schwach, und die Selbstabwertung, die Betroffene vornehmen, weil sie sich ausbeuten lassen, verstärkt dies noch.

Beziehung

Dass so viele Beziehungen unglücklich verlaufen, kann daran liegen, dass häufig verkehrte Erwartungen an Liebe und Partnerschaft gestellt werden. Immer dann, wenn jemand auch unbewusst versucht, ein inneres Problem mit Hilfe einer Liebesbeziehung zu bewältigen, wird diese Beziehung unter auffallenden Schwierigkeiten leiden. Sie wird zum Gegenprogramm etwa für das geheime Programm *Ich bin nicht satt geworden.*

Es ist fast unausweichlich, dass Menschen, die Liebe und Wärme in ihrer Herkunftsfamilie vermissten, diese in einer Partnerbeziehung suchen. Wer sich von Mutter oder Vater zurückgewiesen fühlte, wird einen Partner suchen, der die vermisste Liebe schenken soll. Typischerweise wird sich zu Beginn der Beziehung (im Rausch der Verliebtheit) das Gefühl einstellen, endlich angekommen zu sein und das zu bekommen, was so schmerzlich vermisst wurde. Nach Abklingen der Verliebtheitsgefühle wird sich das geheime Programm *Ich bin nicht satt geworden* jedoch wieder stärker melden. Da die Zeit, in der die elterliche Liebe vonnöten gewesen wäre, vorüber ist, können die Erwartungen von damals nicht mehr erfüllt werden. Der Partner ist nicht in der Lage, die durch die Eltern erlittenen Verletzungen zu heilen. Das geheime Programm, nicht satt geworden zu sein, bleibt, egal wie viel Liebe der Partner zu geben in der Lage ist.

Es wird deutlich, dass eine Liebesbeziehung das geheime Programm nicht löschen kann. Unbewusst wird der Partner jedoch für zuständig dafür erklärt. Egal, wie sehr er sich auch anstrengt, den Partner zu versorgen – Zufriedenheit stellt sich vielleicht vorübergehend, jedoch nicht dauerhaft ein.

Klassischerweise finden Partner sich nach dem Schlüssel-Schloss-Prinzip. Der eine findet in sich die Programmierung *Ich bin nicht satt geworden* und der andere die Programmierung *Ich muss viel tun, um geliebt zu werden*. Beide werden unzufrieden bleiben, obwohl solche Beziehungen oft sehr lange währen. Die Partner erleben eine Wiederholung der früheren Verletzung.

Wer die geheime Programmierung *Ich genüge nicht* in sich trägt, versucht vielleicht, sich mit einem Partner zu »schmücken«, der hübscher oder erfolgreicher ist, über eine bessere Ausbildung oder Herkunft verfügt. Das Minderwertigkeitsgefühl jedoch wird bleiben, sich voraussichtlich sogar noch verstärken, zumal die Partnerwahl unbewusst dazu beiträgt, erneut zu signalisieren, dass man selbst nicht genügt.

Wenn du mich doch lieben würdest!, lautet der häufig ausgesprochene bzw. unausgesprochene Vorwurf in vielen Beziehungen.

Die Enttäuschung und Frustration führt nicht selten zu Aggressionen dem Partner gegenüber. Betroffene fühlen sich erneut betrogen, zuerst von den Eltern, danach vom Partner. In vielen Beziehungen ist zu erkennen, dass beide um Liebe und Zuneigung kämpfen. Eine Analyse verdeutlicht, dass der Partner Verantwortung übernehmen soll für Defizite, die ursächlich durch das Verhalten der Eltern entstanden, durch etwas, was die Eltern vielleicht nicht geben konnten. Nicht selten ist der Partner Opfer der Rache, die eigentlich den Eltern gilt. Da dies nicht verstanden wird, ist eine realistische Lösung nicht möglich, beide kämpfen gegen Windmühlen.

Der Hintergrund abhängiger Beziehungen ist nicht selten die geheime Programmierung *Ich schaffe es nicht alleine*. Der Partner soll die Rolle von Mutter oder Vater einnehmen, während der Betroffene in der Rolle des Kindes bleibt, sich anpasst oder trotzig reagiert.

Anfällig dafür, eine Beziehung als Gegenprogramm zu missbrauchen, sind besonders Menschen, die nicht oder schlecht allein sein können. Das typische »Klammern« in Beziehungen ist ein sicheres Zeichen dafür, dass diese Beziehung auch ein Gegenprogramm darstellt.

Partnerbeziehungen gelingen eher, wenn sich Erwachsene gegenüberstehen, die es nicht nötig haben, den Partner zu »missbrauchen«. Als Gegenprogramm sind Beziehungen untauglich, Missbrauch führt zu Konflikten und Leid. Häufig ist auch hier »Kontrollverlust« zu beobachten. Man weiß und spürt immer wieder, dass es richtig wäre, eine Beziehung zu beenden, findet jedoch nicht den Mut dazu.

Sex

Sex ist dann befriedigend, wenn er in eine liebevolle Beziehung integriert ist. Der Versuch, über Sex geheime Programme – beispielsweise »Ich bin nicht satt geworden« – zu beantworten, führt in die Irre. Deutlich wird dies besonders in Fällen, in denen der Umgang mit der eigenen Sexualität zur Sucht ausartet. Hier wird Sex missbraucht, indem er wie eine Droge eingesetzt wird.

Der Versuch, sein Selbstwertgefühl über ständig neue »Eroberungen«, also häufig wechselnde Partner aufzurichten, führt zu Leere und Empfindungslosigkeit.

Alkohol, Drogen, Selbstzerstörung

Ohne sich den geheimen Programmen zuzuwenden, ist es nicht möglich, die wahren Ursachen für die eigenen emotionalen Schwierigkeiten zu verstehen. Sie werden dann nämlich nicht in der eigenen Person gesucht, sondern außerhalb, etwa im Verhalten des Partners, den ungerechten Lebensumständen, dem persönlichen Pech oder Schicksal.

Die folgenden Gegenprogramme entstehen aus »Verzweiflung«. Es ist zum Verzweifeln, wenn man sich anstrengt – etwa hart arbeitet, sich anpasst, versucht es allen recht zu machen –, ohne den erhofften Lohn dafür zu erhalten. Auch häufiger Partnerwechsel führt zur Verzweiflung, weil sich tatsächliche Zufriedenheit so nicht erreichen lässt. Das geheime Programm will einfach nicht schweigen. Dies verursacht Wut – Wut auf sich selbst, weil es nicht gelingt, den eigenen Erwartungen zu entsprechen, und Wut auf andere. Für diesen Groll scheint es keine Lösung zu geben, und viele merken nicht, dass sie zu untauglichen Mitteln greifen, um dieses Missbehagen zu betäuben. Leicht geraten sie in einen Teufelskreis, indem sie, um sich Erleichterung zu verschaffen, immer wieder die gleichen ungeeigneten Mittel einsetzen. Man verliert die Kontrolle über Verhaltensweisen oder Suchtmittel und versteht nicht, warum man immer weiter »rudern« muss, ohne aufhören zu können.[5] Die Lage wird immer schwieriger. Da die wahren Ursachen jedoch nicht erkannt und nicht bearbeitet werden, ist Heilung nicht möglich.

Herr Z. ist suchtkrank. Gegen seine geheime Programmierung *Ich bin wertlos* setzte er, um sich besser zu fühlen, bereits als Jugendlicher Alkohol ein. Leistung und die Suche nach Erfolg waren ebenfalls Gegenprogramme. Er arbeitete hart, und dank seines Verkaufstalents war er zeitweise erfolgreich. Hatte er jedoch etwas erreicht, »zerschlug« er in kurzer Zeit wieder alles, bis nichts mehr übrig blieb.

Das Beispiel zeigt, dass Gegenprogramme wechseln können. Während einer Aufbauphase, in der Herr Z. sich anstrengte, reduzierte er seinen Alkoholkonsum. Trotz beachtlicher Erfolge ließ sich die geheime Programmierung *Ich bin wertlos* nicht zum Schweigen bringen, im Gegenteil: Immer wenn der Zenit erreicht schien, spürte er Leere, Langeweile und tiefe Wertlosigkeit. Für ihn sowie nahe Angehörige blieb die Flucht in die Droge, in Exzesse und Räusche völlig unverständlich. Dieser Teufelskreis wiederholte sich mehrfach und verstärkte das Gefühl einer tiefen Wertlosigkeit.

Abwertungen, Kränkungen und Demütigungen verursachen Wunden, die nicht heilen wollen. Trotz ist der (untaugliche) Versuch, sich unabhängig zu machen. Der Trotzige versucht seinem Gegenüber zu beweisen, dass er stark, unverletzlich, ungebeugt, hart, unabhängig und erwachsen ist. Der Satz: *Das verzeihe ich meinem Vater / meiner Mutter nie!*, macht deutlich, dass die Kränkung bleibt. Nur mit etwas Abstand ist zu erkennen, dass der Trotzige abhängig ist. Er kann nicht verzeihen, die Demütigung hat weiterhin Bestand und damit auch die geheime Programmierung, beispielsweise *Ich genüge nicht*. Gerade im Trotz ist zu erkennen, dass jemand versucht, gegen ein geheimes Programm anzukämpfen. Man möchte beweisen, dass man recht hat und das Gegenüber unrecht. Aber: Alles, was bekämpft wird, verstärkt sich. Trotz macht nicht unabhängig, sondern abhängig. Betroffene glauben, um ihre Autonomie kämpfen zu müssen. Sie geraten in einen typischen Konflikt, den Autonomie-Abhängigkeits-Konflikt.

> Herr U. kämpft gegen jede Form von Autorität, die ihm begegnet. Er kämpft darum, recht zu bekommen. Immer wieder gerät er in Konflikte mit Vorgesetzten und Ordnungsbehörden. Sozial ist er isoliert, da seine Rechthaberei auf andere negativ und abschreckend wirkt.

Es wird deutlich, dass Herr U. lauter »Stellvertreterkriege« führt. Die negative Spiegelung durch seinen Vater – *Du genügst nicht* – führte zu Trotz und in den Kampf um Anerkennung.

Dieses Beispiel zeigt, dass geheime Programme sich im Alltag immer wieder »installieren«. Auf einer anderen Bühne vor anderer Kulisse und mit anderen Darstellern werden die bekannten Konflikte reinszeniert.

Trotz ist oft auch Rache. Die geheimen Programme *Ich bin nicht satt geworden* oder *Ich bin zu kurz gekommen* führen zu innerem Groll. Trotz ist ein Relikt aus der Kindheit, und wie ein Kind, das seinen Willen nicht bekommt, versucht auch der Trotzige, mit seinem Verhalten etwas zu erzwingen. Letztlich wird er seine Wut jedoch gegen sich selbst richten und die geheimen Programme, die er bekämpft, verstärken.

Trotz muss als untaugliches Gegenprogramm erkannt werden.

In der Psychotherapie zeigt sich tiefe Verzweiflung immer wieder dort, wo Menschen mit untauglichen Mitteln versuchen, die Liebe, die ihre Eltern ihnen nicht geben konnten, zu gewinnen. Der Stachel des Ungeliebtseins lässt sich mit Trotz nicht entfernen.

Flucht in Krankheit und Depression

Die Flucht in eine Krankheit ist der Versuch, sich einer Verantwortung zu entziehen. Der Betroffene nimmt sich quasi eine Auszeit, um den Kampf zu vermeiden, weil er spürt, dass dieser nicht zu gewinnen ist. Angst, Ratlosigkeit und Verzweiflung können depressive Gefühle erzeugen. Hinter depressiven Verstimmungen steckt immer auch tiefe Wut, selbst wenn sie nicht gespürt wird.

Viele Menschen haben während ihrer Kindheit im Krankheitsfall besondere Zuwendung erhalten. Die Flucht in die Krankheit ist daher als ein Versuch zu werten, auf eine frühere Entwicklungsstufe zurückzukehren. *Jetzt bin ich krank, jetzt soll man sich um mich kümmern, jetzt brauche ich Zuwendung.* Oft ist es schwierig zu erkennen, dass es sich um eine Flucht in Krankheit handelt. Bei einer ehrlichen Analyse wird der Betroffene jedoch spüren, dass er sich Herausforderungen nicht gewachsen fühlt oder Verzweiflung der Grund für den Rückzug ist. Häufig zeigt sich eine solche Überforderung auch darin, dass jemand von einem Arzt zum andern »rennt« – nach dem Motto: Hier kümmert sich jetzt jemand um mich, Hilfe soll von außen kommen. Das eigentliche Problem kann nicht erkannt werden, die geheimen Programme werden nicht bearbeitet.

Tagträume/Großartigkeitsphantasien

Die innere Unzufriedenheit will sich nicht abstellen lassen. Die Flucht in Tagträume verschafft eine gewisse Distanz und Scheinbefriedigung. Die Diskrepanz zur Realität wächst und führt zu weiteren Frustrationen. Gefährlich ist die Realitätsflucht besonders für Jugendliche, die über ihre Lebenssituation, die von Erfolglosigkeit und Perspektivlosigkeit gekennzeichnet ist, frustriert sind und mit Hilfe immer perfekterer Computerspiele und Animationen ihren Erregungspegel in die Höhe treiben. Die Gefahr, von Internet-Rollenspielen abhängig zu werden, ist groß. Indem man sich mit Helden und unbesiegbaren Figuren identifiziert, wird förmlich ein falsches, unechtes Selbstwertgefühl aufgeblasen.

Spielsüchtige tragen – wie schon erwähnt – das geheime Programm *Ich bin ein Verlierer* in sich. Ähnlich einer Droge soll Spielen von dem eigentlichen Problem ablenken und zu Befriedigung führen. Der Kampf mit dem Automaten, der Roulettekugel, dem Lottoschein soll jemandem, der sich im Grunde ohnmächtig fühlt, Macht verleihen. Er will stärker sein als das Objekt, mit dem er spielt.

Ein Lottogewinn kann Schwierigkeiten bedeuten, weil er einen dazu verdammt, glücklich zu sein. Nach der ersten Euphorie werden sich die geheimen Programme jedoch verstärkt bemerkbar machen. Die bekannten Muster werden in einer zunächst komfortablen Umgebung gelebt. Untersuchungen zeigen, dass Lottogewinner depressiver sind als der Rest der Bevölkerung. Die meisten Gewinner sind nach relativ kurzer Zeit wieder in derselben finanziellen Situation wie zuvor. Oft zerbrechen Beziehungen, werden soziale Strukturen zerstört. Für die meisten bedeutet ein Lottogewinn Pech.

Essen

In einer Konsumgesellschaft, die Nahrung im Überfluss zur Verfügung stellt, wird Essen nicht selten zur Droge. Tatsächlich ist es möglich, über Essen eine leichte Beruhigung und Befriedigung herzustellen. Beispielsweise verursacht das geheime Programm *Ich bin nicht satt geworden* eine innere Unzufriedenheit, die ständig stört und bedrängt. Schokolade hat eine beruhigende Wirkung, ist aber nicht geeignet, das geheime Programm aufzulösen, im Gegenteil: Der Hunger wird immer größer. Tatsächlich ist oft nicht leicht zu unterscheiden, ob Essen im Sinne eines Gegenprogramms eingesetzt wird oder ob man es einfach genießen kann (Die entscheidende Frage lautet: Genieße ich die Schokolade oder versuche ich, meinen Kummer, meine innere Leere zu betäuben?). Ein gestörtes Essverhalten deutet jedoch mit Sicherheit auf den Missbrauch von Naturalien als Beruhigungsmittel hin. Die Folge ist ein Mehr an Frustration: der Kampf mit der Waage, der Kontrollverlust über das Essen, die Ablehnung des eigenen Körpers, das Fehlen oder Ausbleiben des Sättigungsgefühls. Essen hat nicht selten Sucht-Dimensionen und wird zum quälenden Symptom. Im Grunde macht das Symptom überdeutlich, worum es wirklich geht. Mit Essen kann der Hunger nach Liebe nicht gestillt werden, im Gegenteil, der Hunger wird immer größer. Menschen mit gestörtem Essverhalten erleben einen Kontrollverlust über den Umgang mit Nahrungsmitteln. Das Gefühl, nicht satt zu werden, wird immer extremer und schließlich als eine existenzielle Bedrohung erlebt.

Sport

Es ist bekannt, dass Sport in Sucht ausarten kann. Die persönliche Fitness trägt zu Gesundheit und Wohlbefinden bei. Sport als Mittel gegen Minderwertigkeitsgefühle führt nicht zu Zufriedenheit, sondern in Unfreiheit. Geheime Programme lassen sich nicht mit Hilfe eines perfekten Körpers löschen.

Mit Hilfe von Ausdauersport gelingt es, körpereigene Glückshormone (Endorphine) zu produzieren. Sie wirken wie Amphetamine (Aufputschmittel) und können süchtig machen. Betroffene fühlen sich gezwungen, immer exzessiver Sport zu treiben. Geschieht dies nicht, sind depressive Stimmungen die Folge. Unzufriedenheit, Ruhelosigkeit, innere Unsicherheit und der Drang, exzessiv Sport zu treiben, sind als »Entzugserscheinungen« zu erkennen. Nicht selten wird so der Einstieg in eine stoffgebundene Abhängigkeit verursacht. In Fitnesszentren ist der Handel mit Amphetaminen und verbotenen Dopingmitteln ein blühendes Geschäft.

Konsum

Eine Konsumgesellschaft funktioniert nach dem Prinzip: Konsumiere und du bist glücklich! Wer nicht konsumieren kann, ist demnach unglücklich; jemand, der so viel konsumieren kann, wie er will, ist glücklich. Diese falsche Überzeugung steckt »in den Köpfen« vieler. Das psychische Elend in der Klasse der Superreichen ist genauso groß wie in der Unterschicht. Psychische Erkrankungen wie Angststörungen, Depressionen und Suchtmittelabhängigkeiten sind in etwa gleich verteilt – meist in der Oberschicht lediglich besser kaschiert.

Kaufen kann bei unterschiedlichen geheimen Programmen als Gegenprogramm dienen, insbesondere bei der Programmierung *Ich bin nicht satt geworden*. Frustkäufe verstärken negative Gefühle und führen nicht selten in eine Kaufsucht. In Deutschland sind nach Expertenschätzungen zirka fünf Millionen Menschen kaufsüchtig, überwiegend davon betroffen sind Frauen.

Frustration rauslassen

Geheime Programme haben – wie schon die Bezeichnung deutlich macht – die Eigenschaft, im Verborgenen zu wirken. Mitunter scheinen sie verschwunden zu sein oder entfalten sich nicht negativ. Manchmal sind es bestimmte Auslöser, die sie reaktivieren. Kleine Misserfolgserlebnisse können beispielsweise das geheime Programm *Ich genüge nicht* aktivieren. Selbstzweifel, Abwertungen, depressive Gefühle, Ängste, innerer Groll sind mögliche Folgen.

Die innere Unzufriedenheit wird immer Ventile suchen. Eine Methode heißt *Frust ablassen*. Jede Gelegenheit dient dazu, sich aggressiv zu entladen. Mitunter ist hier ein Kontrollverlust zu erkennen. Bei vergleichsweise geringen Anlässen geraten Betroffene außer Kontrolle und explodieren wie Pulverfässer. Hier hat sich ein Symptom verselbstständigt, das verstanden und behandelt werden will. Wer sich selbst dabei beobachtet, dass er häufig Anlässe sucht, um seine innere Unzufriedenheit zu entladen, sollte auf die Suche nach seinem geheimen Programm gehen.

> Die persönliche Situation von Herrn G. ist unbefriedigend. Er ist in der mittleren Führungsebene einer Firma tätig, verfügt über genügend Geld, lebt aber nach verschiedenen gescheiterten Beziehungen unfreiwillig allein. Er hat wenig Freunde und neben seinem Beruf kaum befriedigende Aufgabenfelder. Die Unzufriedenheit über seine persönliche Situation bringt ihn immer wieder dazu, sich zu entladen. Seine Frustration findet immer wieder ein Ventil darin, Fehler bei seinen Kollegen und Untergebenen zu suchen und diese anzuklagen. Die Art, wie er dies tut, ist auffallend abwertend und verletzend.

Auch wenn Herrn G.s Kritik sachlich berechtigt ist, hat sie querulatorischen Charakter. Zufriedenheit will sich so nicht einstellen, im Gegenteil, sein innerer Groll verstärkt sich. Bei Querulanten lässt sich diese Art von »Kontrollverlust« öfter beobachten, sie können ihr ständiges Suchen nach den »Löchern im Käse« nicht beenden.

Aggression/Gewalt

Es ist bekannt, dass Kinder, die sich nicht willkommen fühlen, für negative Zuwendung sorgen. Sie provozieren Erzieher und Eltern mit aggressivem Verhalten und setzen einen negativen Teufelskreis in Bewegung. Sie werden zurückgewiesen, abgewertet und bestraft. Dies führt zur Bestätigung der geheimen Programme, nicht willkommen zu sein und nicht zu genügen. Da diese Kinder meist nur wenige Möglichkeiten haben, ihre innere Not anders als mit Aggression zum Ausdruck zu bringen, entsteht ein typischer Teufelskreis.

Aggression, Gewalt und Radikalismus, sei er rechts, links oder religiös eingefärbt, ist für eine Gruppe perspektivloser Jugendlicher ein Versuch, mit Minderwertigkeitsgefühlen zu überleben. Auch hinter diesen Gegenprogrammen verbirgt sich Verzweiflung. Jemand versucht mit Gewalt, sich die Dinge zu beschaffen, die er nicht geschenkt bekommt. Der innere Hunger nach Akzeptanz und Wertgefühl wird durch Hass immer größer und eine echte Befriedigung der wahren Bedürfnisse immer unwahrscheinlicher.

Betrug

Viele Menschen handeln nach dem Motto: Wenn ich das, was mir zusteht, nicht auf legalem Wege bekomme, dann wähle ich den direkten, den radikalen, den kriminellen Weg. Hinter jedem Delikt stecken mehrere geheime Programmierungen, die verstanden werden wollen, hauptsächlich: *Ich bin nicht satt geworden* und *Ich bin zu kurz gekommen*. Auch das Programm, nicht willkommen zu sein, kann in die Kriminalität führen. Drastisch deutlich wird dies bei perspektivlosen Jugendlichen, die sich der rechtsradikalen Szene anschließen.

Möglicherweise wird jemand, der wegen einer Straftat verurteilt wurde, aus Angst vor Strafe tatsächlich nicht rückfällig. Das eigentliche Problem bleibt jedoch als geheimes Programm bestehen, weshalb so viele Straftäter wieder rückfällig werden.

In den Gefängnissen werden die geheimen Programme, nicht erwünscht zu sein und nicht zu genügen, ebenso verstärkt wie die innere Not, nicht satt geworden zu sein. Der Mensch wird nicht für ein Fehlverhalten oder eine Tat verurteilt, sondern als gesamte Person abgewertet. Rehabilitation wird erst möglich, wenn dieser Teufelskreis erkannt und überwunden wird.

Wie schon beschrieben, geraten Gegenprogramme leicht außer Kontrolle. Betroffene wissen nicht, warum sie manchmal geradezu zwanghaft widersinnige Tätigkeiten verrichten und an schädlichen Verhaltensweisen festhalten, ohne diese abstellen zu können.

Wer sich von einem Gegenprogramm trennen will, muss damit rechnen, dass er »Entzugserscheinungen« entwickelt. Wer sich beispielsweise aus einer abhängigen Beziehung löst, wird Ängste entwickeln, obwohl er weiß, dass die Entscheidung richtig und notwendig ist. Die Probleme, die mit Hilfe der Beziehung gelöst werden sollten, werden verstärkt auftreten:

- → Wer nicht allein sein kann, wird extrem unter Einsamkeit leiden;
- → wer sein Selbstwertgefühl mit Hilfe der Beziehung verbessern wollte, wird sich nach der Trennung wertlos fühlen;
- → wer in der Beziehung emotionale Stabilität suchte, wird sich unsicher und allein nicht lebensfähig fühlen;
- → wer materielle Sicherheit suchte, wird eventuell glauben, dass er verarmt.

Um diesen unliebsamen »Entzugserscheinungen« aus dem Weg zu gehen, bleiben viele in destruktiven Beziehungen, nach der Devise: *Ich schaffe es nicht, mich zu trennen.* Oft wird der Selbstbetrug fortgesetzt nach dem Prinzip: *Wenn es mir so schwerfällt, mich zu trennen, dann liebe ich den Partner offensichtlich doch noch.* Liebe und Abhängigkeit gehören zu den Gefühlen, die am häufigsten verwechselt werden.

Nahezu immer ist das Beenden eines Gegenprogramms mit Angst verbunden. Es handelt sich ja um eine Scheinsicherheit. So ist es als normal anzusehen, dass Angst, Unsicherheit, innere Unruhe und ein Drang, das Gegenprogramm wieder einzuschalten, zu beobachten sind. Auch körperliche Folgen wie Schwitzen, Zittern und Schlafstörungen können auftreten. Ohne sich von den Gegenprogrammen zu verabschieden, ist Veränderung jedoch nicht möglich.

Damit die Gegenprogramme losgelassen werden können, bedarf es neuer Programme. Denn ein Vakuum an dieser Stelle ist kaum zu ertragen.

Im Folgenden werden neue Programme beschrieben, die die Gegenprogramme ersetzen und zu tatsächlichen Lösungen führen.

Teil 3 Neue Programme für ein besseres Leben

Niemand wird kommen,
der dein geheimes Programm löscht.

Auch wenn das geheime Programm noch so tief in der Seele verankert ist, gibt es keinen Grund, sich damit abzufinden. Wie bereits dargestellt handelt es sich meist um Programme aus der Kindheit, die sich im erwachsenen Alter immer noch hartnäckig entfalten. Der Versuch, sie mit Hilfe von Gegenprogrammen zu bekämpfen, verstärkt sie geradewegs. Doch jeder wirklich Erwachsene – unabhängig von seinem Alter, seiner Herkunft und Bildung – ist dazu in der Lage, mit Hilfe seines logischen, nüchternen Menschenverstands die eigenen geheimen Programme zu erkennen und neue, sinnvollere Programme zu installieren. Niemand ist hoffnungslos, jeder kann wirkungsvoll an seinem Selbstwertgefühl arbeiten, dafür ist es nie zu spät.

Den Entschluss fassen

Fest steht, dass niemand kommen wird, der die geheime Programmierung löscht. Die benannten Gegenprogramme können die Probleme nicht lösen. Auch der Versuch, das geheime Programm zu verdrängen oder zu ignorieren, ist zum Scheitern verurteilt. Nur ein neues Programm kann wirklich helfen. Der Entschluss, die Verantwortung für sein Selbstwertgefühl zu übernehmen, ist *jetzt* möglich. Nur der erwachsene Mensch ist in der Lage, sich selbst willkommen zu heißen und sich selbst zu genügen. Ein Kind ist auf die Spiegelungen der Eltern angewiesen.

Dem Leser wird empfohlen, sich im Folgenden zunächst einen Überblick über das gesamte Problem zu verschaffen, die unterbreiteten Vorschläge zur Umgestaltung kennenzulernen, damit der Entschluss zur Veränderung auf stabilem Boden steht. Wiederholungen dienen der Vertiefung.

Schuld oder Verantwortung?

Niemand hat selbst Schuld an seinem geheimen Programm. Schuldig ist jemand, der mit Vorsatz etwas Verwerfliches tut. Wie wir sehen konnten, sind die geheimen Programme vor dem Hintergrund schwieriger Lebensumstände und in der Regel aufgrund von tiefer Verzweiflung entstanden. Nicht selten dienten sie dem Überleben.

Bewusst oder unbewusst werden oft andere für das geheime Programm verantwortlich gemacht: Meist sind es die Eltern, die nicht genügend Zuwendung, Wärme oder Wertschätzung gaben.

Trotz des Wissens um die eigene Unschuld an der geheimen Programmierung fühlen sich Betroffene häufig schuldig. Nur der nüchterne, sachliche Menschenverstand hilft hier weiter. Aus der Distanz heraus ist zu erkennen, dass man selbst überhaupt keine Chance hatte, ein anderer zu werden als der, der man ist. Je mehr jemand versuchte, sich gegen das geheime Programm zu wehren, umso stärker bildete es sich in der Realität ab.

Die Tatsache, dass man keine Chance hatte, ist für viele schwer zu akzeptieren. Sie wollen weiter gegen Windmühlen kämpfen. Die Erlösung liegt aber gerade darin, dass man seine eigene Machtlosigkeit anerkennt. Wer gegen das geheime Programm ankämpft, verstärkt es. Der einzig richtige Weg ist daher die »Kapitulation«: *Ich kann sehen und akzeptieren, dass ich keine Chance hatte, dass durch die Gegenprogramme alles nur noch schlimmer wurde …*

Erleichterung darf sich breitmachen. Vielleicht auch Bestürzung. Große Bedeutung kommt der Trauerarbeit zu, der ein eigenes Kapitel gewidmet ist.

Am Anfang kann es immer wieder passieren, dass man in das alte Muster der Selbstabwertung zurückfällt. Das *neue Bewusstsein* muss immer wieder hergestellt werden, wenn die alten ausgetretenen Pfade verlassen werden sollen. Ein neues Leben fängt immer mit neuem Denken an, mit einem neuen Programm. In der Fachsprache ist von einer *kognitiven Umstrukturierung* die Rede. Neues, konstruktiveres Denken führt zu neuen Gefühlen, zu einer anderen Sicht der Dinge.

Obwohl niemand Schuld an seinen geheimen Programmen hat, so gibt es sehr wohl Verantwortung. Diese trägt ein Mensch auch für Sachverhalte, die er nicht absichtlich herbeiführte, auch wenn sie schädlich oder unangenehm sind. Die Verantwortung für die geheime Programmierung kann man nur selbst übernehmen. Hier ist wieder die erwachsene Persönlichkeit gefordert, die ihr Bewusstsein erweitert und die die wirklichen Ursachen erkennt. Solange jemand darauf hofft, dass Hilfe allein von außen kommt, wird alles vergeblich bleiben.

Unbewusst wird oft die Verantwortung für das eigene Leben nicht übernommen. Menschen weigern sich, erwachsen zu werden, innerlich wollen sie Kind bleiben. Die Entscheidung, selbst für das eigene Selbstwertgefühl zuständig zu sein, ist jedoch unabdingbar und ein wichtiger Schritt in ein selbstbestimmtes Leben. Dieser Schritt ist mit dem Entschluss verbunden, erwachsen werden zu wollen. Im Grunde kann man die Verantwortung für sein Selbstwertgefühl erst übernehmen, wenn man sowohl das *geheime Programm* als auch die nicht funktionierenden *Gegenprogramme* kennt. Allerdings fällt es viel leichter, Verantwortung zu übernehmen, wenn man »die Tür, durch die man gehen kann«, erkennt.

Was wichtig ist

→ **Grundsätzlich gilt: Das neue Programm ist immer das Gegenteil des geheimen Programms. Aus *Ich bin nicht willkommen* wird *Ich bin willkommen*. Aus *Ich genüge nicht* wird *Ich genüge mir immer*. Wer die neue Einstellung laut ausspricht und feststellt, dass sie nur sehr schwer über die Lippen geht, hat vermutlich die richtige gefunden. Je stärker der innere Widerstand, desto sicherer hat jemand das richtige neue Programm für sich entdeckt.**

Das neue Programm sollte kurz und klar und immer positiv formuliert werden. Falsch ist folgende Formulierung: *Ich bin nicht wertlos*. Das Unbewusste registriert nämlich nur »wertlos« und damit würde etwas Negatives verstärkt. Die richtige Formulierung lautet: *Ich bin wertvoll*.

Obwohl es vielen zu Beginn schwerfällt, ist es unabdingbar, von der Richtigkeit des neuen Programms überzeugt zu sein. Dies wird bei der Besprechung der neuen Programme noch deutlich werden.

Oder doch lieber dem alten Programm glauben? Selbstverständlich nicht!

Das neue Programm zu installieren ist nicht selten mit Schwierigkeiten verbunden. Zunächst muss der logische, nüchterne Menschenverstand weiterhelfen.

Das geheime Programm gehörte bisher zur Persönlichkeit. Es ist »ich-synton«, d. h., der Betroffene glaubt, dass er in Ordnung ist. So zu sein ist selbstverständlich, und viele können sich nicht vorstellen, anders zu denken und zu fühlen.

Das Bewusstsein erweitern

Das Bewusstsein wurde bereits dadurch erweitert, dass die geheimen Programme sowie die kontraproduktiven Gegenprogramme erkannt wurden. Nun geht es darum zu verstehen, dass nur ein neues Programm weiterhelfen kann und dass das neue Programm das richtige ist. Man begibt sich dazu in die Rolle des Erwachsenen und kommt zu der Überzeugung: *Ich habe ein Recht auf ein neues Programm, ich habe ein neues Programm verdient!* Und weiter ist zu formulieren: *Ich habe in meinem Leben ein Recht auf Glück!* Diese Sätze werden hier betont, weil viele Menschen tief in ihrem Innern nicht davon überzeugt sind, ein neues Programm verdient zu haben, und so mit der destruktiven Programmierung weiterleben müssen.

Wer beginnt, sich mit seinen geheimen Programmen auseinanderzusetzen, erlebt gleichsam ein Erwachen aus einer Art Bewusstlosigkeit. Selbstbewusstsein ist das Gegenteil davon, und der Verstand ist das Instrument, mit dem wir unser Dasein reflektieren und zu diesem Selbstbewusstsein gelangen können. Unseren Verstand nicht zu benutzen, wenn es ganz entschieden um unser Glück geht, kommt einem Verrat an uns selbst gleich.

Selbstbewusstsein bedeutet, sich seiner selbst bewusst zu sein. Manchmal wird Selbstbewusstsein mit einer gewissen Rücksichtslosigkeit verwechselt. Der Satz: *Der ist aber selbstbewusst* meint dann, dass sich jemand gut behaupten und eigene Bedürfnisse egoistisch durchsetzen kann. Demgegenüber ist wahres Selbstbewusstsein die Fähigkeit, gut über sich selbst Bescheid zu wissen, sich selbst realistisch einzuschätzen und seine eigenen geheimen Programme samt Gegenprogrammen, aber auch die eigenen Stärken und Begabungen zu kennen.

Selbstannahme

Die geheimen Programme verhindern Selbstannahme. Wer nicht willkommen ist, nicht genügt, nichts wert ist, nicht satt geworden ist, kann sich selbst nicht akzeptieren. Die neuen Programme verhelfen zu einem positiven Selbstbild und führen dazu, dass wir uns zunehmend selbst annehmen können.

Selbstannahme findet in dem Maße statt, wie es gelingt, die neue Programmierung umzusetzen und das neue Programm zu leben.

Selbstannahme ist die Voraussetzung für Selbstliebe und ein gutes Selbstwertgefühl. Es geht darum, sich selbst akzeptieren zu können, so wie man ist, mit allen Fehlern und Schwächen, auch mit seinem Körper und seinem äußeren Erscheinungsbild. Die Fähigkeit, Ja zu sich selbst zu sagen, macht ein glückliches Leben erst möglich.

Wer seine eigene Existenz nicht bejaht und versucht, »das Beste daraus zu machen«, wird leiden, vor allem an Sinnlosigkeit und depressiven Gefühlen. Bestenfalls wird er auf ein Wunder hoffen, das ihn aus seiner Verzweiflung erlöst. Diese negativen Empfindungen, pessimistischen Einstellungen und Denkweisen werden ihn daran hindern, sich selbst anzunehmen. Zwischen Selbstannahme und Lebensglück besteht eine unmittelbare Wechselwirkung.

Das Hier-und-Jetzt-Prinzip

In einer Leistungsgesellschaft zeigt sich folgendes typische Phänomen: Man schiebt die Zufriedenheit ständig vor sich her. *Wenn ich erst diese Prüfung geschafft habe; wenn das eigene Haus erst einmal bezogen ist; wenn das neue Auto vor der Tür steht; wenn ein neuer Partner gefunden ist; wenn der Kredit abbezahlt ist; wenn ich endlich nicht mehr arbeiten muss etc.*: Spätestens, wenn diese Etappenziele erreicht sind, wird man in aller Regel feststellen, dass sich Zufriedenheit immer noch nicht einstellt, sondern stattdessen neue Ziele »in Angriff« genommen werden – und ein bestimmter Grad an Unzufriedenheit bleibt.

Wer seine Gedanken einmal unter die Lupe nimmt, wird feststellen, dass sie sich entweder auf Zukünftiges beziehen oder aber um die Vergangenheit kreisen. Dabei werden vorwiegend negative Ereignisse aus der Vergangenheit hervorgeholt: verpasste Chancen, Ärger über Kränkungen, Verluste, Neid u. Ä. Seltener schwelgen Menschen in schönen Erinnerungen. Wer genauer hinsieht, wird feststellen, dass Gedankengänge die Stimmung prägen. Negative Gedanken verursachen eine schlechte Stimmung. Dabei lautet die entscheidende Frage: *Warum erlaubst du dir nicht, jetzt glücklich zu sein?*

In einer Konsumgesellschaft bleiben viele Menschen unzufrieden, weil es ihnen nicht gelingt, im Hier und Jetzt zufrieden zu sein. Sie machen Zufriedenheit von Bedingungen bzw. Ereignissen abhängig, die in der Zukunft stattfinden. Die Kunst, glücklich zu sein, besteht darin, sich auf die unmittelbare Gegenwart einzulassen: das Positive zu sehen, zu genießen, für eine gute Stimmung zu sorgen und sich an dem zu freuen, was man gerade hat. Wer ein neues Programm installieren will, sollte sich bewusst machen, dass dies immer nur im Hier und Jetzt möglich ist. Die Aufmerksamkeit auf den heutigen Tag zu lenken macht ein reiches Leben erst möglich.

Achte gut auf diesen Tag,
denn er ist das Leben –
das Leben allen Lebens.
In seinem kurzen Ablauf liegt alle
Wirklichkeit und Wahrheit des Daseins,
die Wonne des Wachsens,
der Glanz der Tat,
die Herrlichkeit der Kraft.
Denn das Gestern ist nichts als ein Traum
und das Morgen nur eine Vision.
Das Heute jedoch – recht gelebt – macht jedes Gestern zu
einem Traum voller Glück
und das Morgen zu einer Vision voller Hoffnung.
Darum achte gut auf diesen Tag.
[AUS DEM SANSKRIT]

→ Das destruktive geheime Programm gehört so selbstverständlich zur Persönlichkeit, dass man glaubt, nicht anders leben zu können. Immer wieder erlebe ich bei meinen Patienten, dass sie ihr neues Programm zu Beginn der Behandlung wieder vergessen. Ich empfehle ihnen, es aufzuschreiben, etwa auf einen Zettel, den sie an den Spiegel kleben oder in die Geldbörse stecken. Überall und immer wieder sollen sie sich mit dem neuen Programm konfrontieren – im Hier und Jetzt.

Mit einem Leben im Hier und Jetzt ist nicht gemeint, das große Ganze aus dem Blick zu verlieren. Der Satz *Der Weg ist das Ziel* ist nicht so zu verstehen, dass es keine Ziele mehr geben soll. Im Gegenteil: Wichtige Ziele zu verfolgen macht das Leben wertvoll und sinnvoll.

Im Folgenden werden nun einige neue Programme vorgestellt, mit denen ich häufig arbeite.

Ich bin willkommen

Aus dem geheimen Programm »Ich bin nicht willkommen« wird *Ich bin willkommen.* Spüren Sie, welche Wirkung dieser Satz in Ihrem Innern erzeugt, wenn Sie ihn laut aussprechen? Stimmt er oder nehmen Sie Zweifel wahr?

Das Wichtigste für einen Menschen ist das Gefühl, auf dieser Welt willkommen zu sein. Dass dies nicht selbstverständlich ist, wurde bereits dargelegt. Es kann sein, dass die Eltern dieses Gefühl, aus welchen Gründen auch immer, nicht vermitteln konnten; möglicherweise sind bisherige Lebenspläne an dem alten geheimen Programm des Sich-nicht-willkommen-Fühlens gescheitert. Einfacher ist es, wenn jemand von vorneherein spürt, dass er erwünscht und geliebt wird.

Jedoch ganz gleich, ob wir als Wunschkind in einem begüterten Haus oder als unerwünschtes Kind in einem Elends-Viertel geboren wurden: Letztlich bleibt einem erwachsenen Menschen die Entscheidung, sich selbst anzunehmen und willkommen zu heißen, nicht erspart. Tatsächlich begegnet man Menschen, die zwar dieses Willkommensein in der Familie erleben durften, sich aber dennoch selbst nicht annehmen wollen bzw. können. Argumente, die dies zu rechtfertigen scheinen, gibt es immer.

Ein kleines Kind ist auf die positiven Spiegelungen der Eltern angewiesen, Erwachsene haben die Fähigkeit, für sich selbst zu sorgen. Sie sind unabhängig oder können sich von negativen Zuweisungen und Spiegelungen unabhängig machen.

Das neue Programm lautet: *Ich bin willkommen.* Es macht Sinn, diesen Satz laut zu sagen, ihn zu fühlen. Dass sich insbesondere zu Beginn der Übung innere Widerstände regen, ist verständlich. Man findet es albern, falsch und unberechtigt, sich selbst willkommen zu heißen, man kann nicht glauben, dass man bei anderen tatsächlich willkommen ist. Genau diesen Glauben, willkommen im Sinne von berechtigt zu sein, gilt es zu entwickeln. Ich habe, wie jeder andere, eine Daseinsberechtigung. Ein spiritueller Weg (auf den ich später noch eingehen werde) kann an dieser Stelle sehr hilfreich sein.

Die neue Programmierung ist tief in der Seele zu verankern. Wichtig ist dabei das emotionale Klima, da auch das neue Programm – wie alle neuen Programme – emotional erlernt werden muss. Anstelle der vielleicht kalten, abweisenden Atmosphäre in der Herkunftsfamilie eignet sich das liebevolle, akzeptierende Miteinander in einer therapeutischen Gemeinschaft oder in einer Selbsthilfegruppe viel eher dazu, das neue Programm zu integrieren. Das Gefühl, willkommen zu sein, egal welche Fehler und Schwächen man auch immer mitbringt, verstärkt den Glauben an den Satz *Ich bin willkommen*.

Die neue Programmierung *Ich bin willkommen* sollte in der »Installationsphase« immer wieder gelesen sowie laut ausgesprochen und mit Gefühl »aufgeladen« werden.

Es gilt der Satz: *Nur die Liebe heilt*. Ohne Zuneigung, Wertschätzung und Wärme für sich selbst lässt sich das neue Programm nicht integrieren. Die Kunst besteht darin, das neue Programm im Alltag zu leben.

> Frau D., die das geheime Programm *Ich bin nicht willkommen* bei sich selbst erkannt hatte, begann Streit mit Gruppenmitgliedern. Indem sie die Therapiegruppe gegen sich aufbrachte, bestätigte sie die bekannte Programmierung, nicht willkommen zu sein. Nachdem sie die tieferen Ursachen für ihr Verhalten verstanden hatte, war sie in der Lage, Verantwortung für ihre Handlungsweise zu übernehmen. Sie sprach in der Gruppe offen über ihre Programmierung und hörte den Rückmeldungen der anderen Gruppenmitglieder ruhig zu. Für die Patientin war es sehr wichtig zu erfahren, wie sie auf andere wirkte, vor allem auch, wie sie andere unbewusst dazu brachte, sie abzulehnen.

Mitunter ist es schwierig, Verhaltensweisen, die über viele Jahre zum gewohnten Repertoire gehörten, abzulegen. Verhaltensrückfälle gehören zum natürlichen Veränderungsprozess. Frau D. erkannte, dass es ihr schwerfiel, positive Situationen zu ertragen. Immer wenn sie ruhig wurde, verspürte sie das Bedürfnis zu zerstören. Sich selbst zu zerstören und andere dazu zu bringen, sie abzulehnen, gehörte zu ihren Gegenprogrammen.

Nach dem bisherigen Muster wurde versucht, alles zu tun, um unerwünscht zu sein oder andere gegen sich aufzubringen. Mit verschiedenen Gegenprogrammen wurde versucht, das Gefühl, willkommen zu sein, herzustellen. Dazu gehörte auch, sich anzupassen, sich ausbeuten zu lassen, viel zu leisten, um geliebt zu werden. Bei der Integration des neuen Programms in den Lebensalltag wird es darum gehen, das Natürliche und Selbstverständliche zu leben: Es ist selbstverständlich, dass man erwünscht ist, es ist selbstverständlich, dass bestimmte Begabungen und Fähigkeiten vorhanden sind, und genauso selbstverständlich ist es, dass diese Begabungen entfaltet und gelebt werden können. Leben mit dem neuen Programm bedeutet, nicht mehr durch Defizite bestimmt zu sein. Nur wer reich ist, kann etwas geben. Wer auf die eigenen Fähigkeiten und Talente schaut, wird entdecken, dass er diese nicht verkümmern lassen darf. Wenn er sie produktiv für sich und andere einsetzt, verleihen sie dem eigenen Leben Sinn.

Oft müssen Menschen, die das geheime Programm *Ich bin nicht willkommen* in sich tragen, in kleinen Schritten lernen, für ihre eigenen Bedürfnisse zu sorgen. Oft glauben sie, ihre Existenzberechtigung erarbeiten zu müssen, etwa indem sie sich opfern, oder sie versuchen auf radikale Weise, Bedürfnisse zu befriedigen, und werden deswegen wieder abgelehnt.

Wenn man mit dem neuen Programm *Ich bin willkommen* arbeitet, kann es richtig sein, die typischen Gegenprogramme im Bewusstsein zu behalten: Welche typischen Strategien wurden angewandt? Habe ich meine Wut darüber, nicht willkommen zu sein, eher mit Aggression und Trotz zum Ausdruck gebracht, oder habe ich mich in Depression und Isolation zurückgezogen, nach der Devise *Ich bin ja sowieso nicht erwünscht?* Die Gefahr, mit Hilfe der Gegenprogramme die geheimen Programme zu reaktivieren, ist dabei immer gegeben.

Tatsächlich ist es möglich, ein neues Programm im Hier und Jetzt voll und ganz zu leben: *Ich bin willkommen. Niemand hindert mich daran, das intensive Gefühl, willkommen zu sein,* jetzt *zu empfinden. In diesem Augenblick hat das geheime Programm keine Bedeutung.*

Frau S., die ihre neuen Programme erkannte, äußerte, dass es lange dauern würde, bis sie diese installiert/integriert hätte. Der Therapeut machte Frau S. darauf aufmerksam, dass sie sich mit dieser Aussage wieder auf die Ebene des geheimen Programms begebe. »Es wird lange dauern und wahrscheinlich sehr schwierig werden ...« Diese Einstellung schürt Selbstzweifel und vor allem hält sie Frau S. davon ab, im Hier und Jetzt zu leben.

→ Das Programm *Ich bin willkommen* tragen andere Menschen ganz selbstverständlich in sich. Für viele ist es überhaupt keine Frage, dass sie willkommen sind. Das neue Programm ist also eine Selbstverständlichkeit. Immer wenn man an sein neues Programm denkt, soll es ein Lächeln ins Gesicht zaubern. So wird es mit positiven Gefühlen aufgeladen und nur so kann es sich gut etablieren – im Hier und Jetzt.

Am Rande bemerkt: Grundsätzlich fühlt sich der Mensch in einer Konsumgesellschaft nicht richtig mit der Erde verbunden und willkommen. Ihm fehlt die Liebe zur Natur, die er in erster Linie rücksichtslos ausbeutet. Tief in ihm existiert ein Unbehagen, das ihn davon abhält, sich »zu Hause« zu fühlen. Daher fühlt er sich getrennt; es fehlt die grundsätzliche Liebe zu seinen Mitmenschen und zu sich selbst. Er fühlt sich allein und unsicher. Das ist der Nährboden für Angststörungen und Depression.

Menschen, die das Gefühl des »Nichtwillkommenseins« intensiv und schmerzhaft in sich tragen, brauchen einen Ort, an dem sie sich willkommen fühlen. Während meiner therapeutischen Arbeit wurde mir die Bedeutung der therapeutischen Gemeinschaft und der Selbsthilfegruppen immer wieder bewusst: In einer solchen Gemeinschaft bin ich willkommen, egal wie ich bin, welche Vergangenheit ich habe, welche Probleme ich in mir trage. Ich bin willkommen, weil es mich gibt und weil ich mich bemühe, mich mit all meinen Schwierigkeiten in die Gemeinschaft zu integrieren. Dass dies mitunter mühselig und mit Rückfällen verbunden ist, gehört dazu. Trotz aller Hindernisse gibt es keinen anderen Weg, der zur Selbstliebe führt.

Das neue Programm *Ich bin willkommen* hat die Aufgabe, eine tiefere Verbindung zwischen der eigenen Person und der Schöpfung herzustellen. Ich bin ein wertvoller Teil dieser Schöpfung, sie ist mein Zuhause.

»Ich bin willkommen« impliziert aber auch, dass ich Verantwortung für die Natur trage. Wer sich unter diesen Aspekten für den Schutz der Natur einsetzt, wird unweigerlich auch das Gefühl stärken, mit ihr verbunden und willkommen zu sein.

Ich genüge immer / Ich genüge mir immer

Aus dem geheimen Programm *Ich genüge nicht* wird *Ich genüge immer* oder *Ich genüge mir immer.*

Eventuell erregt das neue Programm *Ich genüge mir immer* innere Widerstände, weil man dahinter eine überhebliche, selbstherrliche Haltung vermuten könnte. Daher gilt es, das neue Programm für sich selbst zu präzisieren und sich von dessen Richtigkeit zu überzeugen: *Ich genüge auch, wenn ich Fehler mache; wenn ich nicht perfekt bin; wenn ich scheitere; wenn ich in der Vergangenheit falsche Entscheidungen getroffen habe; wenn ich ohne Arbeit oder krank bin; wenn ich über wenig Geld verfüge, wenn ich kritisiert werde, wenn mein Körper nicht perfekt ist. Ich genüge, wenn ich mir Mühe gebe.*

An der Umkehrung wird deutlich, welche (mitunter ungeheuerlichen) Bedingungen man bisher an sich selbst gestellt hat: *Ich genüge nur – wenn ich keine Fehler mache; – wenn ich von anderen bewundert/akzeptiert werde; – wenn ich viel Geld habe; – wenn ich »mithalten« kann …*

Die Kunst besteht darin, zu einem unabhängigen Selbstwertgefühl zu gelangen. Nicht Perfektionismus führt zu Zufriedenheit, sondern die Fähigkeit, sich selbst zu genügen. Die Frage lautet immer, ob ich selbst mit mir zufrieden bin. Wo kommt der Irrglaube her, dass ich keine Fehler machen darf? Wieso darf sich nur der berechtigt fühlen zu sein, der erfolgreich ist, viel Geld hat, hohes Ansehen genießt?

Ich genüge auch, wenn mir etwas gut gelungen ist, wenn ich Erfolg habe oder wenn ich Glück hatte. Oftmals gelingt es Menschen nicht, sich wirklich über Gutes zu freuen, weil die geheime Programmierung gerade jetzt wieder aktiviert wird.

Tatsächlich geht es um den inneren Terror, den Menschen in sich erzeugen, weil sie glauben, versagt zu haben und nicht zu genügen.

Das neue Programm *Ich genüge mir immer* stellt die Dinge endlich auf die Füße. Jeder hat das Recht, sich nicht nur willkommen, sondern »in Ordnung« zu fühlen: *Ich bin okay!* Es geht um dieses grundsätzliche Gefühl zu genügen, und genau das fehlt vielen.

Vielleicht werden Sie sich zunächst gegen das neue Programm wehren. Vielleicht haben Sie Angst vor Überheblichkeit oder glauben, diese Programmierung nicht verdient zu haben. Jedoch haben wir keine Wahl: Wenn wir uns nicht selbst so akzeptieren, wie wir sind, werden wir der eigenen Diktatur ausgeliefert bleiben. Jeder ist mit seinen Fähigkeiten und Begabungen, auch mit seinen Einschränkungen einmalig und originell.

Der größte Fehler, den viele Menschen machen, ist, sich selbst zu wenig zuzutrauen.

→ Tu, was du wirklich willst, entscheide selbst, was deinem Leben Wert und Tiefe gibt. Schau nicht mehr darauf, was andere von dir erwarten oder was andere haben.

Das neue Programm gibt dem Leben die Unbeschwertheit, die es verdient. Es genügt, wenn ich alles Notwendige tue, um ein sinnvolles Leben zu führen. Wieder ist das »Hier-und-Jetzt-Prinzip« zu betonen: *Ich genüge JETZT*. Nicht in der Zukunft und nicht in der Vergangenheit kann sich Zufriedenheit einstellen.

Die Aufmerksamkeit ist auf den jetzigen Augenblick zu lenken. Gerade lesen Sie in diesem Buch. Tun Sie gerade das Richtige? Wenn es etwas Wichtigeres zu tun gibt, sollten Sie es tun. Wenn nicht, bleiben Sie bewusst bei der Lektüre – lassen Sie sich nicht ablenken.

Nur im Hier und Jetzt lässt sich das neue Programm leben.

Herr K. hatte sich zurückgezogen. Er sprach weder über seine Bedürfnisse noch über seine Gefühle. Seine Überzeugung, nicht zu genügen, hatte ihn wortkarg und gehemmt werden lassen. Er fühlte sich wertlos und depressiv, und jeder Kontakt war anstrengend und unangenehm für ihn.

In der therapeutischen Gemeinschaft begann er vorsichtig, seine Meinung zu sagen. Er spürte, dass er ernst genommen wurde, dies machte ihn mutiger. Für Herrn K. bedeutete das neue Programm, dass er seine selbstgewählte Einsamkeit verließ und sich traute, gleichberechtigt in der Therapiegruppe mitzureden. Er verstand: Ich genüge auch, wenn ich anderen kritisch meine Meinung sage. Ich genüge auch, wenn ich einmal gegen den Strom schwimme, weil es meine Überzeugung ist. Ich genüge auch, wenn ich Fehler mache. Ich genüge auch, wenn ich nicht perfekt bin.

Die geheime Programmierung *Ich genüge nicht* ist mit Wertlosigkeitsgefühlen verbunden. Geschenke können daher oft schlecht angenommen werden. Ebenso erzeugt Lob/Anerkennung ein eigenartiges Gefühl, so als hätte man es nicht verdient. Diese Formen der Zuwendung aktivieren das geheime Programm *Ich genüge nicht* oder *Ich bin wertlos*. Die Aufgabe besteht darin, sich über ein Geschenk oder ein Lob zu freuen, weil man es verdient hat.

Obwohl viele schlecht mit Lob und Anerkennung umgehen können, ist die Sehnsucht danach groß. Das Selbstwertgefühl ist abhängig von der Bestätigung durch andere.

> Herr P. arbeitete schon länger mit dem geheimen Programm *Ich genüge mir immer*. In der Therapiestunde spricht er über seine Erfahrungen. Er sagt: »Es ist verrückt, es ist so, als hätte das neue Programm schon immer vor meinen Füßen gelegen, fast wäre ich darüber gestolpert. Wenn ich bedenke, was ich nicht alles getan habe, um anderen zu gefallen, dann wird es mir heute noch schlecht. Ich habe mich klein gemacht, ich habe mich groß gemacht, ich habe wie verrückt gearbeitet und wollte allen zeigen, wie toll ich bin. Jetzt bin ich ruhig und entspannt, ich weiß, dass ich nichts mehr zu beweisen brauche.«

Ich genüge mir immer, weil ich mich realistisch verhalte, weil ich ehrlich zu mir selbst bin und weil ich mir Mühe gebe – mehr ist nicht zu erwarten.

ZUFRIEDENHEIT KANN MAN LERNEN

Grundsätzlich gilt: *Wenn ich mit dem, was ich heute habe, nicht zufrieden bin, werde ich auch mit dem nicht zufrieden sein, was ich morgen habe*. Das Gefühl der inneren Zufriedenheit zu pflegen gehört zur Lebenskunst.

Man lernt zufrieden zu sein, indem man zulässt, zufrieden zu sein. Es gilt den Blick darauf zu lenken, was man hat. Neid ist immer schädlich, weil dadurch die negativen Programmierungen *Ich genüge nicht* oder *Ich bin nicht satt geworden* aktiviert werden. Wirkliche Freude kann nur darüber entstehen, was man selbst (er)schafft.

Herr F. konnte seinem Vater nicht genügen. Wenn er in der Schule Fehler machte, wurde er geschlagen. Hatten die jüngeren Geschwister etwas angestellt, wurde er bestraft, da er nicht genügend auf sie aufgepasst hatte. Während seiner Berufstätigkeit entwickelte er extremen Ehrgeiz und schaffte es, ein kleines Vermögen zu erwirtschaften. Ein tragischer Verkehrsunfall hatte eine Behinderung und Erwerbsunfähigkeit zur Folge. Nachdem er sein Vermögen aufgebraucht hatte, war er auf staatliche Hilfen angewiesen.

Während der Therapie erkannte Herr F., dass sein geheimes Programm bis dahin *Ich genüge nicht* war. Sein extremer Ehrgeiz wurde durch die Wut auf den Vater forciert, und sein Gegenprogramm war Arbeit und Leistung. Herr F. konnte sich nicht erinnern, je zufrieden gewesen zu sein. Auch nicht während der Zeit, als er alles hatte: eine sehr gute Position in der Firma, ein teures Auto und ein schönes Haus. Nun mit einer Körperbehinderung und wenig Geld leben zu müssen, schien ein Grund für noch mehr Unzufriedenheit zu sein.

Herr F. lenkte die Aufmerksamkeit auf das, was ihm geblieben war. Er erkannte, dass er trotz der Behinderung zu vielem in der Lage war. Er fand neue Werte und Einsichten und vor allem echte Freunde. Er hatte verstanden, dass Zufriedenheit nicht von Erfolg, sozialem Status und materiellem Wohlstand abhängig ist. Er fand den Weg, seinem Vater zu verzeihen, nachdem er auch dessen geheime Programme verstanden hatte.

Zufriedene Menschen sind weniger krank und haben auch psychisch wesentlich weniger Probleme. Sie sind im Kontakt angenehmer und man fühlt sich in ihrer Nähe wohl, es sei denn, man kann ihre Zufriedenheit schlecht ertragen, weil man selbst unzufrieden ist. Krisen und Krankheiten können den Blick für die wesentlichen Dinge im Leben schärfen. Das hatte auch Herr F. verstanden.

Da Neid der Gegner von Zufriedenheit ist, gilt es, die Hintergründe des Neids zu verstehen. Immer sind es geheime Programme, die ihn hervorrufen.

Während der Therapie pflege ich meine Patienten zu fragen, mit wem sie gerne tauschen würden, wenn dies möglich wäre. Die Antwort lautet in fast allen Fällen, dass sie mit niemandem tauschen wollten, trotz ihrer zum Teil großen emotionalen Schwierigkeiten und Krankheiten. Wenn wir sowieso nicht tauschen wollen, warum dann neidisch sein auf andere, warum nicht das Beste aus dem eigenen Leben machen?

Ein Gegner der Zufriedenheit ist der »innere Kritiker«, der ständig nörgelt und Selbstzerfleischung betreibt. Das neue Programm *Ich genüge mir immer* bringt die Selbstabwertung zum Schweigen. Wer Unzufriedenheit verspürt, sollte seine Gedanken beobachten. Wer etwas will, was er nicht haben kann, sorgt selbst dafür, dass es ihm nicht gut geht. Auch Ungeduld führt zu Unzufriedenheit, man möchte etwas haben, was vielleicht später möglich ist.

VOM ABHÄNGIGEN ZUM UNABHÄNGIGEN SELBSTWERTGEFÜHL

Wer das neue Programm *Ich genüge mir immer* lebt, entwickelt ein unabhängiges Selbstwertgefühl. Damit ist gemeint, dass nicht mehr andere darüber bestimmen, ob man genügt, sondern nur noch man selbst. Man ist in der Lage, sich selbst anzuerkennen, wenn man weiß, dass man eine Aufgabe gut gelöst hat. Berechtigte Kritik nimmt man sogar dankbar entgegen, weil man sich dadurch weiterentwickeln kann (*Ich genüge mir immer, auch wenn ich kritisiert werde*). Wir erinnern uns an das schädliche Programm *Ich muss viel tun, um akzeptiert zu werden*. Dies bedeutet Abhängigkeit insofern, als man sich von der Bewertung durch andere abhängig macht. Hilfreich sind hier Sätze wie: *Wer mich beleidigt, das entscheide ich selbst; wer mich ärgert, entscheide ich.*

Natürlich soll hier nicht das unrealistische Bild entstehen, dass wir Menschen völlig ohne Zuspruch anderer auskommen. Jeder braucht Zuspruch, niemand ist völlig unabhängig. Wie sehr jemand darauf angewiesen ist, ist allerdings ganz unterschiedlich. Große Werke in der Geschichte wurden oft gegen den Widerstand der öffentlichen Meinung vollbracht. Wichtig ist daher, von der eigenen Sache überzeugt zu sein und sich nicht beirren zu lassen.

Wer beginnt, in dem neuen Programm *Ich genüge mir immer* zu arbeiten, wird den Blick dahin lenken, wo er genügt. Zufriedenheit will sich erst einstellen, wenn man mit sich selbst im Einklang ist. Und wieder gilt das Hier-und-Jetzt-Prinzip.

KONFLIKTVERMEIDUNG BEENDEN

In engem Zusammenhang mit einem schwachen Selbstwertgefühl steht das typische »Konfliktvermeidungsverhalten«. Das geheime Programm *Ich genüge nicht* bringt Menschen beispielsweise dazu zu glauben, dass sie sowieso den Kürzeren ziehen, dass es sich nicht lohnt, sich für eigene Bedürfnisse einzusetzen.

> Frau W. erkannte, dass sie vor Konflikten immer zurückgewichen war. Ärger beispielsweise schluckte sie hinunter; im Nachhinein ärgerte sie sich über sich selbst, weil sie sich nicht getraut hatte, ihrem Ärger Luft zu verschaffen. In ihren Gedanken wertete sie sich dann ab: »Mit mir kann man aber auch alles machen, warum wehre ich mich nicht.« Außerdem neigte Frau W. dazu, Beängstigendes vor sich herzuschieben, etwa unangenehme Telefonate oder Behördengänge.

Menschen reden im Innenraum ihrer Psyche unablässig mit sich selbst. Häufige Selbstabwertungen schwächen Selbstgefühl und Persönlichkeit. Die geheime Programmierung *Ich genüge nicht* wird verstärkt. Konfliktvermeidung kann über die damit einhergehende Selbstabwertung zu einer äußerst schädlichen Abwärtsspirale führen.

Konfliktvermeider

→ haben häufig Nachteile, weil sie berechtigte Bedürfnisse nicht befriedigen können. Sie melden sie nicht an oder fordern sie nicht ein;
→ wissen manchmal nicht, wie Konflikte gelöst werden, weil ihnen die Übung fehlt;
→ fühlen sich unsicher in sozialen Kontakten und leiden unter sozialen Ängsten (Angst vor Vorgesetzten, vor Kritik u. Ä.);
→ werden häufig ausgebeutet, weil sie sich nicht wehren;
→ entwickeln häufig keine eigenen Lebensziele;
→ fühlen sich oft als Verlierer;
→ verstehen nicht, warum es ihnen schlecht geht, warum Probleme immer größer werden;
→ suchen die Verantwortung oder Schuld für ihr mangelndes Selbstwertgefühl öfter bei anderen.

Grundsätzlich sind zwei Gruppen zu unterscheiden: die Gruppe der Konfliktvermeider, in der die »Verlierer« zu finden sind, und die Gruppe der Konfliktsucher, zu denen in der Regel die »Gewinner« gehören. Der sozial Kompetente erkennt seine Konflikte und sucht eine Lösung. Für ihn ist jeder Konflikt eine Herausforderung, und er lebt ganz selbstverständlich das Programm *Ich genüge mir immer*.

Viele (nicht alle), die die geheime Programmierung *Ich genüge nicht* in sich tragen, sind Konfliktvermeider. Sie haben resigniert, weil sie sowieso nicht genügen. Das führt zu einer verstärkten Ängstlichkeit. Wenn Sie das neue Programm *Ich genüge mir immer* installieren wollen, dann ist es erforderlich, alle Konflikte, die im Wege sind, am besten innerhalb der nächsten 24 Stunden zu lösen (Das ist auch mein persönlicher Anspruch an mich selbst).

Das neue Programm will gelebt werden. Wer vor seinen aktuellen Konflikten zurückweicht, kann das Gefühl zu genügen nicht herstellen. Wieder hilft das Hier-und-Jetzt-Prinzip weiter. Es ist richtig, auf das Heute zu schauen und sich um die aktuellen Konflikte zu kümmern. Die Devise lautet: *Wo die Angst ist, ist der Weg.* Wer auf seine Ängste zugeht, wird erleben, dass viele völlig überflüssig sind. Das vermittelt Sicherheit und vertreibt die Ängste.

Immer wieder versuche ich meinen Patienten klarzumachen, dass man Ängste genießen kann. Oft wird für die Erzeugung von Angstgefühlen Geld bezahlt: etwa beim Bungeejumping oder auf rasanten Fahrgeschäften auf dem Jahrmarkt. Auch beim Krimi geht es um Nervenkitzel und mehr oder weniger starke Angstgefühle. Unsere Zeit ist arm an Abenteuern; aber manche Lebenssituation, die mit Angst verbunden ist und als Herausforderung angenommen werden kann, kann man als spannend ansehen: etwa ein schwieriges Gespräch mit einem Vorgesetzten. Wer auf den Konflikt zugegangen ist und sich der Angst gestellt hat, fühlt sich anschließend gestärkt und zufriedener als derjenige, der sich wieder einmal nicht getraut hat. Selbst wenn es nicht zu einem erfolgreichen Abschluss kommt, hat man es wenigstens versucht. Das befriedigt schon deshalb, weil man sich selbst nichts vorzuwerfen hat.

DER RICHTIGE UMGANG MIT ÄRGER

Wut und Ärger gehören zu den Grundgefühlen. Zur Selbstbehauptung gehört, sich angemessen zu wehren und berechtigte Bedürfnisse durchzusetzen. Viele Menschen mit einem schwachen Selbstwertgefühl opfern diese viel zu oft zugunsten anderer. Nach dem Motto *Um geliebt zu werden, muss ich mich anpassen* äußern sie auch Ärgergefühle nicht.

Wird Ärger hinuntergeschluckt, wirkt er destruktiv. Da sich in der Regel ohne eigenes Zutun nichts ändert, wird es immer wieder dazu kommen, dass Ärger nicht konstruktiv bearbeitet wird. Gegenteiliges Verhalten ist jedoch auch nicht immer besser:

> Herr N. steigert sich leicht in Ärger hinein und lässt ständig »Dampf« ab. Fortwährend hört man ihn über Missstände schimpfen. Leider ändert sich nichts. Der Umgang mit ihm ist unangenehm, manche gehen ihm aus dem Weg und vermeiden den Kontakt.

Am Beispiel von Herrn N., der seinen Ärger nicht hinunterschluckt, sondern häufig neuen produziert, wird deutlich, dass es einen Mittelweg geben muss. Der richtige Umgang mit Ärger ist eine Kunst. Diese besteht darin, die »Ärgerenergie« in konstruktive Bahnen zu lenken. Die Frage lautet: *Was kann ich mit meinem Ärger anfangen?* Manchmal lautet die Antwort: gar nichts. Sich über Dinge aufzuregen, die man nicht ändern kann, ist sinnlose und vertane Energie. Was zu tun bleibt, ist, sich von seinen Ärgergefühlen zu distanzieren und den Blick auf das zu lenken, was sich tatsächlich ändern lässt. Das dem evangelischen Theologen Friedrich Christoph Oetinger zugeschriebene Gelassenheitsgebet ist in diesem Zusammenhang ein guter Leitfaden:

> Gott gebe mir die Gelassenheit, Dinge hinzunehmen, die ich nicht ändern kann,
> den Mut, Dinge zu ändern, die ich ändern kann,
> und die Weisheit, das eine vom andern zu unterscheiden.

Häufig wird versucht, Unabänderliches doch noch zu ändern. Andererseits fehlt oft der Mut, Dinge dort zu ändern, wo es möglich wäre. Grundsätzlich ist Ärger ein Impuls, der zum Handeln auffordert. Man handelt auch, wenn man sich mit Unveränderlichem abfindet und zu den Härten des Lebens Ja sagt.

KEINE ABSOLUTEN FORDERUNGEN

Vor fast zweitausend Jahren machten griechische Philosophen eine wichtige Entdeckung. Die Stoiker erkannten, dass Gefühle durch Denken beeinflusst werden: *So wie ich denke, so fühle ich.* Ständig finden im Innenraum unserer Psyche Denkprozesse statt, wir reden mit uns selbst. Typische »Denkfehler« führen zu Stress und Ärger. Ein solcher Fehler besteht in absoluten Forderungen wie etwa: *Mein Partner muss sich ändern.* Man kann diese Forderung aufstellen, höchstwahrscheinlich wird sie sich jedoch nicht erfüllen. Ob der Partner sich ändert, entscheidet er selbst. Ändern kann man nur sich selbst, niemals einen anderen Menschen. Wir sind definitiv nicht auf der Welt, um unsere Partner zu erziehen.

Sätze mit absoluten Forderungen enthalten häufig Begriffe wie »hat, soll, muss, hätte …«: *Sie soll aber …* oder *Er muss doch endlich …* Entsprechende Einstellungen führen mit großer Wahrscheinlichkeit zu Stress und innerlichem Ärger, da sich auch die Erfüllung berechtigter Forderungen nicht einfach erzwingen lässt. Jeder kennt die Weisheit, dass man sich über vergossene Milch nicht ärgern sollte. Unabänderliches gilt es zu akzeptieren, auch wenn es schwerfällt.

KEINE ÜBERTREIBUNGEN

Neben absoluten Forderungen sind mitunter Übertreibungen für Stress verantwortlich. Häufig sind sie gekennzeichnet durch Bezeichnungen wie unerträglich, furchtbar, wahnsinnig, grauenhaft. Wer in Gedanken und Worten übertreibt, verursacht automatisch, dass er auch starke (übertriebene) Gefühle entwickelt. Dabei ist nicht selten zu beobachten, dass sich jemand in seine Gefühle hineinsteigert. Die Folge ist, dass beispielsweise Ärger ein solches Ausmaß annimmt, dass er nicht mehr aufgelöst werden kann, auch wenn man das möchte (Kontrollverlust).

Um Übertreibungen im Denken zu erkennen, ist eine gewisse Achtsamkeit erforderlich. Wenn die Gefühle Purzelbäume schlagen, ist eine selbstkritische Analyse vorzunehmen. Die Frage lautet dann, ob die Dinge wirklich so unerträglich sind, wie wir meinen. Albert Ellis, der Begründer der rational-emotionalen Therapie, formulierte einmal: *Wir halten alles aus, es sei denn, wir sterben daran.* An den meisten unangenehmen Dingen sterben wir jedenfalls nicht, auch wenn wir sie für noch so unerträglich halten. Wenn Gefühle überhandnehmen, empfiehlt sich die Eigensuggestion: »*Nimm das Drama raus!*« Erst wenn die Übertreibung erkannt ist, wird realistisches Handeln möglich.

Unsere Gedanken sind realistischer, wenn sie nicht von absoluten Forderungen bzw. Übertreibungen dominiert werden. Dies führt in der Regel auch zu klareren Gefühlen und ermöglicht vernünftiges Handeln.

Zusammenfassend bleibt festzustellen, dass das neue Programm *Ich genüge immer* oder *Ich genüge mir immer* eine Stabilisierung der Persönlichkeit bewirken kann. Menschen werden mutiger, weil sie auf ihre Konflikte zugehen. Sie werden unabhängiger von der Meinung anderer und verfolgen ihre Ziele nachdrücklicher, weil sie selbstsicherer werden.

→ Solange das geheime Programm *Ich genüge nicht* aktiv ist, wird ein Mensch mehr oder weniger leiden. Es ist möglich, dass dieses Programm Menschen zu Höchstleistungen antreibt. Vieles, was exzessiv betrieben wird, ist jedoch auf Minderwertigkeitsgefühle zurückzuführen. Weder Erfolg, Ruhm noch Sieg vermögen das geheime Programm zu löschen.

In mir finde ich alles, was ich brauche

Das neue Programm *In mir finde ich alles, was ich brauche* ist die Antwort auf die geheimen Programme *Ich bin nicht satt geworden* oder *Ich bin zu kurz gekommen.*

Aber ich brauche doch auch meine Mitmenschen, möchte man protestieren, wenn man dieses neue Programm zum ersten Mal betrachtet. Nur wer sich auf die neue Programmierung wirklich einlässt, versteht, dass er in sich alles findet, um mit seinen Mitmenschen gut zurechtzukommen. Denn in der Tat ist es notwendig, eine gute Beziehung zu seinen Mitmenschen zu haben, um ein glückliches Leben zu führen.

Vor allem richtet das neue Programm die Aufmerksamkeit nach innen. Die Lösung kann nicht von außen kommen. Wer glaubt, zu kurz gekommen oder nicht satt geworden zu sein, wartet förmlich auf jemanden, der diesen Mangel behebt.

Frau S. spricht über ihr geheimes Programm, zu kurz gekommen zu sein. Sie berichtet, dass sie sich mit ihrer Schwester, die in ihren Augen häufig bevorzugt wurde, in einem Dauerkrieg befand. Immer wieder sei sie auch mit anderen in Streit geraten, da sie sich häufig zurückgesetzt bzw. ungerecht behandelt fühlte. Der Kampf um Gerechtigkeit habe sie jedoch nie zufriedengestellt. Im Gegenteil, sie sei immer unzufriedener geworden. Als ihr die geheime Programmierung bewusst wurde, begann sie nach den Dingen zu schauen, die ihr zur Verfügung standen, und sie verstand, dass sie mit dem, was sie hatte, zufrieden sein konnte. Sie erkannte, dass sie ihren Blick immer nur darauf gerichtet hatte, was fehlte, was anderen zur Verfügung stand. Dass sie starke Neid- und Eifersuchtsgefühle entwickelt hatte, war keineswegs verwunderlich.

Frau S. verstand, dass sie über den Kampf um Zuneigung, Gerechtigkeit und Anerkennung an sich selbst vorbeigelebt hatte. Vor allem fehlte ihr die Fähigkeit, sich selbst zu akzeptieren.

Wie kann es gelingen, mit sich selbst zufrieden zu sein, wie gelingt es, innere Quellen zu erschließen?

Wahre Zufriedenheit kann nur von innen kommen. Das geheime Programm *Ich bin zu kurz gekommen* oder *Ich bin nicht satt geworden* verursacht, wie oben beschrieben, ein »inneres Loch«, das man mit Erfolgen, Konsumgütern, Partys und Events zu füllen versucht. Diese Gegenprogramme führen nicht zu Zufriedenheit. Die Gier bleibt, und es werden immer neue Möglichkeiten der Scheinbefriedigung gesucht.

Das neue Programm *In mir finde ich alles, was ich brauche* verändert den Blickwinkel. Jetzt kann man deutlich unterscheiden, ob gerade wieder ein untauglicher Versuch mit einem Gegenprogramm unternommen wird oder ob die Aufmerksamkeit auf befriedigende Tätigkeiten gerichtet wird.

Im folgenden Fallbeispiel lenken wir die Aufmerksamkeit auf die geheime Programmierung *Ich bin nicht satt geworden:*

Frau P. wuchs bei ihrer Großmutter auf. Von ihrer leiblichen Mutter fühlte sie sich abgelehnt. Als geheime Programme entwickelte sie: *Ich bin nicht willkommen, Ich genüge nicht* und *Ich bin zu kurz gekommen / nicht satt geworden.* Während der Therapie erkannte sie, dass sie immer noch hinter der Liebe ihrer Mutter »herlief« (Menschen, die nicht satt geworden sind, laufen häufig hinter Liebe und Zuwendung her). Frau P. hegte einen tiefen Groll auf die Mutter, zumal diese, inzwischen alt geworden, sich darauf besann, eine Tochter zu haben, die sie für alle möglichen Gefälligkeiten in Anspruch nehmen konnte. Einerseits fühlte sich Frau P. ausgebeutet, andererseits hegte sie die Hoffnung, doch noch die vermisste Liebe der Mutter zu erlangen. Sie befand sich in einem Dilemma, das für sie zunächst nicht auflösbar erschien.

Während der Therapie erkannte Frau P., dass sie die Zuneigung der Mutter nicht bekommen würde. Schließlich war auch die Zeit vorüber, zu der sie die Liebe der Mutter gebraucht hätte. Ihr wurde bewusst, dass diese nicht nachholbar war. Eine Erkenntnis, die sie als schmerzhaft erlebte.

Frau P. begann, sich mit dem neuen Programm *In mir finde ich alles, was ich brauche* auseinanderzusetzen. Zunächst lenkte sie den Blick auf das, was sie hatte, wo ihr Liebe und Zuneigung geschenkt wurden, die sie bis dahin immer als unzureichend angesehen hatte. Sie war fixiert auf die ausgebliebene Liebe ihrer Mutter, allein dies schien Bedeutung zu haben. Darin lag auch die Erklärung für ihre ständige Unzufriedenheit, ausgelöst von dem geheimen Programm *Ich bin nicht satt geworden*.

Frau P.s Unzufriedenheit hatte im Alltag zu häufigen Problemen geführt. Obwohl es ihr oft gelang, diese zu überspielen, fühlte sie sich häufig depressiv. Ihre Unzufriedenheit wirkte sich auf zwischenmenschliche Beziehungen aus. Die pessimistische Stimmung, die Erwartung, sowieso zu kurz zu kommen, ließ andere Menschen eher auf Abstand gehen. Auch Mimik und Tonfall verrieten ihr geheimes Programm.

Die Ausrichtung des Blickwinkels auf das neue Programm *In mir finde ich alles, was ich brauche* brachte Frau P. dazu, nicht mehr hinter der Liebe ihrer Mutter herzulaufen. Sie entschied sich für eine generelle Abstinenz von der Absicht, Zuneigung zu erkaufen, zu erdienen, zu erkämpfen oder zu erbetteln. Ihren Blick richtete sie dahin, wo sie ohne Leistung willkommen war, wo ihr Zuneigung geschenkt wurde.

Frau P. erkannte, dass sie Selbstliebe nur in sich selbst finden würde. Sie begann damit, regelmäßig eine Meditationsmethode zu praktizieren, die ihr innere Zufriedenheit vermittelte.

Es ist ein Irrglaube, dass Bewunderung, Erfolg, Reichtum und grenzenloser Konsum zu Zufriedenheit führen. *Denn es ist leichter, dass ein Kamel durch ein Nadelöhr geht, als dass ein Reicher in das Reich Gottes kommt.* Fast jeder kennt dieses Wort Jesu. Gemeint ist das Reich Gottes in der Seele des Menschen, das sich erschließt, wenn das Heil in der eigenen Innenwelt gesucht wird. Radikal wird hier darauf aufmerksam gemacht, dass Glück nicht zu erkaufen ist. Die Konsumgesellschaft vernachlässigt die innere Welt. Die daraus resultierenden typischen Symptome – Leere, Langeweile, Minderwertigkeitsgefühle, Neid, Aggression, Angststörungen, Depression, Suchtkrankheiten und Gewalt – werden damit nicht in Zusammenhang gebracht.

Wie wenig Erfolg und Bewunderung zu Zufriedenheit und einem starken Selbstwertgefühl führen, lässt sich am Leben vieler Popstars und Sternchen aus der Regenbogenpresse erkennen. Die Fans liegen ihnen zu Füßen, und doch kommen sie selbst keinen einzigen Tag ohne Suchtmittel aus. Ihr persönliches Leid und ihre große Bedürftigkeit werden in der Regel nicht gesehen.

Sich dem eigenen inneren Reichtum zuzuwenden und ihn zu erschließen ist die sinnvolle Aufgabe. Leise Töne sind viel wichtiger als laute: der sinnliche Genuss beim Betrachten eines Sonnenuntergangs, der urwüchsige Geschmack von frischem Brot, die heitere Beschwingtheit oder auch die Melancholie einer gern gehörten Melodie. Die innere Achtsamkeit erschließt eine neue Welt, die bereichernder ist als Äußerlichkeiten und nachhaltiger als jede andere nur kurzfristig wirksame Droge.

Ein zufriedener Mensch trägt das Gefühl, satt geworden zu sein, in sich. Zufrieden zu sein mit dem, was man hat, ist völlig unabhängig davon, wie viel es ist. Da die Zufriedenheit völlig unabhängig von materieller Quantität ist, hat es wenig Sinn, auf bessere Zeiten zu warten. »Zufriedenheit jetzt« könnte daher die Losung lauten, die beste Zeit ist immer jetzt. Wahre Unabhängigkeit entsteht durch Loslassen der Gier. Dies ist jedoch nur möglich, wenn man etwas Besseres gefunden hat.

Eine wirksame Methode gegen innere Leere ist Meditation. Wer meditiert, erfährt einen Zustand der Bedürfnislosigkeit. Innere Unruhe weicht, und das Gefühl, »völlig satt zu sein«, stellt sich ein. Die Kunst besteht darin, die Gedanken möglichst zum Stillstand zu bringen. Mit Hilfe regelmäßiger Meditation wird das Grundgefühl auf sanfte Weise verändert. Der Satz *In mir finde ich alles, was ich brauche* wird erlebt, erst jetzt wird er wirklich verstanden. Diese Erfahrung macht jeder, der sich mit Techniken der Versenkung und Meditation beschäftigt, weil Meditation zur Selbstannahme führt. (An anderer Stelle werde ich die Entspannungs- und Meditationsmethode *Alpha-Relaxing* beschreiben, die besonders für westliche Menschen geeignet ist. Sie hat den unschätzbaren Vorteil, dass sich bereits bei den ersten Übungen spürbare Erfolge einstellen.)

Ich bin ein Gewinner

Die Antwort auf das geheime Programm *Ich bin ein Verlierer* lautet: *Ich bin ein Gewinner.*

Jeder sollte Gewinner sein. Dieses Programm in sich zu tragen meint, Gewinner auf realistischer Basis zu sein. Spielsüchtige beginnen damit, wenn sie nicht mehr spielen und abstinent vom Glücksspiel leben. Man ist ein Gewinner, wenn man sein neues Programm entdeckt und beginnt es umzusetzen, wenn man Konflikte direkt angeht und auf »Konfliktvermeiden« verzichtet, wenn man beharrlich seine Ziele verfolgt, wenn man mit Kränkungen konstruktiv umgeht, wenn man in der eigenen Liebesfähigkeit wächst, wenn man Rückschläge akzeptieren kann und aus Krisen lernt, wenn man sich Fehler verzeiht, wenn man nachsichtig mit sich selbst und anderen ist, wenn man Zufriedenheit in sich selbst sucht. Nichts sollte uns davon abhalten, Gewinner zu sein.

Gewinner ist man immer nur im Hier und Jetzt, weil man gerade jetzt das Richtige tut. Nur der heutige Tag zählt – an der Vergangenheit lässt sich nichts ändern. Der Gewinner achtet darauf, den heutigen Tag wirklich zu leben. Echte Gewinner fühlen sich reich, obwohl sie vielleicht über wenig materielle Mittel verfügen. So könnte das Thema eines neuen Programms auch lauten: *Ich bin reich*, reich in oben beschriebenem Sinne.

→ Besonders zu Beginn der Veränderung meinen viele Patienten, dass es schwierig sei, ein neues Programm zu installieren. Auf Dauer jedoch ist es viel schwieriger, das geheime Programm weiterzuleben.

Heute kränkt mich niemand!

Dieses neue Programm eignet sich besonders für Menschen, die »dünnhäutig« sind. Sie lassen sich leicht irritieren, haben Angst vor Kritik, Angst, nicht zu genügen, sich zu blamieren, und fürchten Situationen, denen sie nicht gewachsen sein könnten. Diese Selbstunsicherheit wächst mit Hilfe der typischen Gegenprogramme wie Grübeln, Perfektionismus (wenn ich keine Fehler mache, werde ich auch nicht kritisiert) und Konfliktvermeiden.

Bei der Analyse der »Dünnhäutigkeit« werden die meisten feststellen, dass sie bereits als Kinder in der Grundschule darunter litten. Der Angst, nicht zu genügen, wurde oft mit extremen Anstrengungen begegnet. Das Problem zieht sich wie ein roter Faden durchs Leben. Die Lösung wurde immer wieder in den falschen Methoden (Gegenprogrammen) gesucht.

Das neue Programm *Heute kränkt mich niemand* oder auch *Heute habe ich ein dickes Fell* lenkt die Aufmerksamkeit auf die Lösung. Auch wenn ich kritisiert werde, bin ich okay; es bietet mir sogar eine Gelegenheit, damit umgehen zu lernen. Die richtige Haltung zu Kritik ist Dankbarkeit. Berechtigte Kritik ist willkommen, weil sie Wege zur Veränderung eröffnet; unberechtigte will mit Distanz betrachtet werden. Man bleibt gelassen, weil es nichts zu verändern gibt. Sich über unberechtigte Kritik aufzuregen ist vertane Lebenszeit. Die Aufmerksamkeit richtet sich darauf, was wirklich zu tun ist.

Das dicke Fell will langsam wachsen: So wie Hornhaut, die sich bei handwerklichen Tätigkeiten von selbst bildet, wird der Blickwinkel sich verändern und die Tatsache, dass man ein dickes Fell hat, wird zur Normalität. Ziel ist nicht die bekannte Dickfelligkeit; dies würde bedeuten, dass man sich von nichts mehr berühren ließe.

Ich bin eine liebenswerte Frau / Ich bin ein liebenswerter Mann

Die innere Überzeugung, nicht liebenswert zu sein, führt unweigerlich zu Beziehungsstörungen. Nur wer sich zumindest ein Stück weit annehmen und Selbstliebe entwickeln konnte, ist auch in der Lage, geschenkte Liebe zu integrieren. Wer sich selbst nicht lieben kann, bleibt skeptisch und misstrauisch, wenn er Zuneigung spürt. Er glaubt, diese nicht verdient zu haben bzw. dafür etwas tun zu müssen.

Im Grunde sehnt sich Frau K. nach der Zärtlichkeit ihres Partners, aber immer wenn er sie umarmt, spürt sie einen inneren Widerstand, so als habe sie Zärtlichkeit nicht verdient. Bei der Selbstwertanalyse entdeckte sie das geheime Programm *Ich bin wertlos.*

Habe ich Glück und Zufriedenheit verdient? Nicht selten werden bei der Auseinandersetzung mit diesem neuen Programm weitere geheime Programme entdeckt: *Glück habe ich nicht verdient; Ich werde keinen Partner finden; Sexuelle Lust ist verwerflich; Materieller Erfolg ist unmoralisch.*

Das Leben und sich selbst zu lieben wird erst möglich, wenn diese »Blockaden« erkannt und bearbeitet werden.

Herr F. erkannte als sein geheimes Programm die Einstellung *Ich bin schlecht*. Bei der Auseinandersetzung mit seiner Lebensgeschichte wurde ihm bewusst, dass seine Mutter ihn nicht lieben konnte. Sie selbst war Opfer einer frühen sexuellen Traumatisierung und hasste Männer. Nach dem Motto »Alle Männer sind schlecht« konnte sie auch ihren Sohn nicht annehmen. Sie erzog ihn mit unerbittlicher Strenge und kritisierte ihn bei jeder Gelegenheit. So vermittelte sie ihm die Botschaft »Du bist schlecht«. Herr F. bemühte sich, das Gegenteil zu beweisen, insbesondere über Leistung; jedoch letztlich schien er sich und anderen sein erlerntes Programm dadurch nur zu bestätigen: Er wurde suchtkrank. Da er zu wenig Liebe und Zuneigung erhalten hatte, traf auch das geheime Programm *Ich bin nicht satt geworden* zu. Sex- und Liebessucht waren Versuche, seine innere Verzweiflung zu betäuben. Die Exzesse verstärkten das geheime Programm, schlecht und verwerflich zu sein.

Der Weg zur Selbstliebe war für Herrn F. schmerzhaft und mit vielen Rückschlägen verbunden. Aber er verstand das neue Programm *Ich bin ein liebenswerter Mann*, nahm es an und bemühte sich mit realistischen Mitteln, es dauerhaft zu installieren. Dazu gehörte vor allem Trauerarbeit darüber, dass seine Mutter ihn nicht lieben konnte. Dieses grundsätzliche Selbstverständnis basiert auf den neuen Programmen, willkommen zu sein und zu genügen.

Ein liebenswerter Mensch ist um Aufrichtigkeit bemüht. Er ist ehrlich zu sich selbst und zu anderen. Er ist zuverlässig und berechenbar. Wie kann man sich selbst für liebenswert halten, wenn man unehrlich ist oder andere übervorteilt? Die Voraussetzung für Selbstliebe ist, dass man sich selbst treu bleibt und an eigenen Idealen festhält, auch wenn es materielle Nachteile bringt. Hier wird deutlich, dass das neue Programm mit Inhalt gefüllt werden will und wie immer liegt die Betonung auf Hier und Jetzt.

Die eigenen Fehler der Vergangenheit können in mitfühlender Weise angenommen und verstanden werden. Oft waren es geheime Programme, die zu falschen, unaufrichtigen Handlungen veranlassten, etwa das Programm *Ich bin zu kurz gekommen*. Die Verantwortung dafür zu übernehmen bedeutet, den entstandenen Schaden, wenn möglich, wiedergutzumachen.

In einer häufig korrupten Welt ist es nicht leicht, die eigene Integrität zu bewahren. Leichter wäre es sicher, wenn auch Politiker, Manager und Banker Idealen folgten, die der Gesellschaft dienen und nicht vorwiegend dem eigenen Bankkonto. Trotzdem dürfen die Korruptheit und der Egoismus anderer keine Ausrede für eigenes Fehlverhalten sein. Ein echtes Selbstwertgefühl lässt sich nicht auf Selbst- und Fremdbetrug aufbauen, beispielsweise, indem wir schweigen, obwohl wir reden sollten, indem wir anderen nach dem Mund reden, indem wir Versprechen nicht halten, indem wir unsere Gefühle verraten. Die Nachteile, die ein solch scheinheiliges Verhalten für das Selbstgefühl hat, werden häufig unterschätzt. Selbstachtung wird sich nur einstellen, wenn wir mit den Ansprüchen an uns und andere in Einklang leben. Der faire Umgang mit anderen, Ehrlichkeit, Vertrauenswürdigkeit und Zuverlässigkeit sind Voraussetzungen für ein stabiles Wertgefühl Das neue Programm *Ich bin wertvoll* wird gelebt, indem man in Worten und Taten im Einklang mit seinen eigenen inneren Überzeugungen lebt und seine Ziele verfolgt.

Ich brauche nichts zu tun, um geliebt zu werden

Viele praktizieren das Gegenprogramm *Ich muss viel tun, um geliebt zu werden,* immer vor dem Hintergrund, nicht zu genügen bzw. nicht willkommen zu sein. Der Satz müsste eigentlich lauten: *Ich kann nichts tun, um geliebt zu werden*. Entweder wird ein Mensch geliebt oder nicht; echte Liebe ist immer ein Geschenk – man kann sie nicht einfordern – und »ein Kind der Freiheit«. Wenn jemand glaubt, für Liebe etwas leisten zu müssen, will er Liebe erdienen, erarbeiten, erkaufen, erzwingen. Vielleicht erhält er Lob oder Dankbarkeit, vielleicht aber auch insgeheim Spott, weil er sich ausnutzen lässt. Wer etwas tut, um geliebt zu werden, macht sich abhängig und verhindert so förmlich Selbstakzeptanz; das wiederum schwächt das Selbstwertgefühl. Das neue Programm kann nur leben, wer Zufriedenheit und Lösungen in sich selbst sucht.

Menschen machen sich schuldig, wenn sie Dinge tun, die nach moralischen Gesichtspunkten verwerflich sind. Schuldgefühle sind immer quälend und belasten das Dasein. Oft leiden Betroffene allerdings unter Schuldgefühlen, obwohl sie objektiv keine Schuld trifft.

Nach einem Verkehrsunfall leidet der Verursacher unter Schuldgefühlen, obwohl er den Unfall nicht absichtlich verursacht hat.

Nach dem Tod des Partners macht sich jemand Vorwürfe, weil er glaubt, dass andere Ärzte, eine anderes Krankenhaus den Partner hätten retten können.

Eine Frau fühlt sich schuldig, nachdem sie vergewaltigt wurde, obwohl sie keine Chance hatte, die Gewalttat zu verhindern.

Man fühlt sich schuldig, weil man den Erwartungen seiner Eltern / anderer nicht gerecht wurde …

Diese Liste ließe sich unendlich lang fortschreiben. Viele Schuldgefühle sind unrealistisch und damit eigentlich überflüssig. Die Frage, ob ein Mensch schuldig ist, lässt sich meist klar beantworten: Schuldig macht sich jemand, der mit Absicht etwas Verwerfliches tut. Jemand, der einen Unfall verursacht, ist unschuldig, wenn er das Unglück nicht gewollt hat. Ein anderer, der unter Alkoholeinfluss einen Unfall verursacht, wird sich meist schuldig bekennen müssen, weil es die eigene Entscheidung war, sich unter Alkoholeinfluss ans Steuer zu setzen.

Einerseits hält sich der Irrglaube, schuldig zu sein, mitunter hartnäckig; andererseits fühlt sich mancher nicht schuldig, obwohl er es ist. Hier wird die Verantwortung für das eigene Handeln nicht übernommen.

Probleme mit Schuldgefühlen haben oft Ursachen, die weit zurück in die Vergangenheit reichen. Während der Kindheit galt das Erzeugen von Schuldgefühlen bei vielen Eltern als Erziehungsmittel; Nichtgefallen wurde mit Liebesentzug bestraft und die vermeintliche Schuld mit vielen Gefühlen »aufgeladen«; diese mit Schuld verbundenen Gefühle werden – wie alle emotional erlernten Programme – ins Erwachsenenalter »mitgenommen«.

Schuldgefühle werden nicht selten bei unerwünschten Kindern erzeugt: *Du bist schuld, dass es mir schlecht geht; du blamierst unsere ganz Familie; wegen dir müssen wir uns schämen.* Harte Abwertungen wie *Du bist zu nichts zu gebrauchen; Du wärest besser nicht geboren; Du bist ein Versager* lösen nicht nur Wertlosigkeitsgefühle, sondern auch Schuldgefühle aus.

Große Probleme mit Schuldgefühlen haben in der Regel Menschen, die emotional missbraucht wurden, etwa als Partnerersatz. Da sie letztlich doch nicht genügen, reagieren sie in allen Lebensbereichen mit Schuldgefühlen. Die Manipulation über Gewissensängste zieht sich wie ein roter Faden durchs Leben und führt zu einer abhängigen Persönlichkeitsstruktur, in schlimmeren Fällen zu einer abhängigen Persönlichkeitsstörung. Das geheime Programm *Ich genüge nicht* ist aktiviert, *weil ich mich schuldig fühle.*

Ziel ist es, Schuldgefühle loszulassen. Oft ist das nicht einfach, weil es sich auch hier um ein emotional erlerntes Programm handelt. Zunächst muss verstanden werden, dass die Schuldgefühle unberechtigt sind (wenn dem so ist). Sind sie berechtigt, sind Reue und das Bestreben der Wiedergutmachung notwendig.

Im nächsten Schritt geht es um die Veränderung der Lebensführung. Statt Schuldgefühle zu pflegen gilt es, etwas Sinnvolleres zu tun. Statt die eigenen Bedürfnisse aus Angst vor Schuldgefühlen zurückzustellen, will ich berechtigte Bedürfnisse auch entgegen den Erwartungen anderer befriedigen. Statt mich aus Angst vor Schuldgefühlen anzupassen, will ich lieber meine Meinung sagen. Statt mich wegen des sexuellen Missbrauchs, der an mir begangen wurde, schuldig zu fühlen, will ich lieber an einer befriedigenden Sexualität für mich arbeiten.

Menschen, die tatsächlich schuldig wurden, hilft es, wenn sie die Verantwortung dafür übernehmen. Der erste Schritt besteht darin, das eigene Fehlverhalten gründlich zu verstehen; insbesondere müssen die geheimen Programme, die dazu führten, erkannt werden. Verzeihen kann nur, wer ein Problem wirklich verstanden hat. Zur Übernahme der Verantwortung gehört auch, angerichteten Schaden, sofern möglich, wiedergutzumachen.

Sich selbst zu verzeihen fällt vielen schwer. Wie wesentlich das jedoch für den eigenen Heilungsprozess ist, kann nicht hoch genug bewertet werden.

Das geheime Programm *Ich genüge nicht* verursacht meist permanente Schuldgefühle: *Ich müsste mich mehr anstrengen; Ich habe es nicht geschafft; Ich müsste viel mehr tun.* Das neue Programm *Ich genüge immer* löst den Teufelskreis auf: *Ich bin okay, so wie ich bin.*

Das neue Programm *Ich bin unschuldig* ist für jeden wichtig. Nur wer von sich selbst glauben kann, dass er gut ist, kann auch gut sein. Sich unschuldig zu fühlen ist die Basis für ein unbeschwertes Leben.

Ich bin wertvoll

Das neue Programm *Ich bin wertvoll* führt zu Selbstachtung. Viele, die auf ihre Kindheit zurückschauen, müssen erkennen, dass ihre Eltern keine Achtung vor ihnen hatten. Dies hing unweigerlich damit zusammen, dass die Eltern sich selbst nicht achten konnten oder sich auf übertriebene Weise wichtig machten (was ebenfalls auf wenig wirkliche Selbstachtung schließen lässt). Auch ihnen wurden Achtung und Wertschätzung von den Eltern vorenthalten.

Den Respekt der Eltern nicht bekommen zu haben, führt zu einem Gefühl der Wertlosigkeit, mitunter auch zur Selbstvernachlässigung.

Frau H. fühlte sich in verschiedenen Beziehungen immer wieder von den jeweiligen Partnern abgewertet und zurückgesetzt. Immer wieder versuchte sie, sich zu behaupten und sich gegen die Herabsetzung und Vernachlässigung zu wehren.

Mit etwas Abstand war zu erkennen, dass sie um ihr Selbstwertgefühl kämpfte. Mit jeder weiteren Beziehung, die scheiterte, verlor sie auch ein weiteres Stück ihrer Selbstachtung. Das führte jedoch nur dazu, noch verbissener weiterzukämpfen.

Während der Therapie erkannte Frau H. ihr geheimes Programm *Ich bin wertlos*. Unbewusst, jedoch mit traumwandlerischer Sicherheit hatte sie immer wieder Partner gefunden, die sie entsprechend behandelten. Ihr Gegenprogramm bestand aus einem andauernden Kampf um Anerkennung und Wert, über den sie die Kontrolle verlor: Sie war unfähig, diese Kämpfe zu beenden.

Zunächst fiel es Frau H. schwer sich vorzustellen, dass sie wertvoll sei. Viel zu sehr hatte sie sich selbst verletzt und wertlos gefühlt. Zögernd setzte sie sich mit den Hintergründen des geheimen Programms auseinander. Sie erkannte die zahlreichen Abwertungen und Erniedrigungen, die sie während ihrer Kindheit durch ihren Vater ertragen musste. Andererseits erkannte sie ihr Bemühen, »gut« zu sein. Ihr Gegenprogramm zeigte sich in der Aufopferung für andere sowie in dem Versuch, über Helfen ihr Wertgefühl zu erdienen.

Ein weiteres Gegenprogramm bestand darin, dass sie mit traumwandlerischer Sicherheit egozentrische Partner fand, die sie nicht lieben konnten, sondern sie in gleicher oder ähnlicher Weise abwerteten wie ihr Vater. Frau H. wollte ihre jeweiligen Partner dazu bringen, sie zu lieben. Ihr Streben war von dem Wunsch bestimmt, die frühen Wunden der Kindheit zu heilen.

In der Psychotherapie ist vom Wiederholungszwang die Rede. Das Drama wiederholt sich so lange, bis es gelingt, die innere Wunde wirklich zu heilen. Das ist jedoch nur mit Hilfe eines neuen Programms möglich. Die Lösung von Frau H.s Problem lag in der Programmierung *Ich bin wertvoll. Ich brauche (ich kann) nichts tun, um dies zu beweisen.* Die Kunst besteht jetzt darin, nicht wieder mit dem »Beweisen-Wollen« zu beginnen. Frau H. machte sich von den Bewertungen ihres Vaters frei und suchte Zufriedenheit in sich selbst.

Der Wert eines Menschen ist grundsätzlich gegeben, man braucht und kann ihn nicht erarbeiten. Etwas erarbeiten kann nur der, dem etwas fehlt. Wenn man etwas bereits Existierendes zu erarbeiten versucht, ist dies widersprüchlich; es setzt voraus, dass etwas fehlt, und der Teufelskreis muss sich drehen.

Ich habe ein Recht auf meine Meinung

Jeder Mensch verfügt über einen unverletzlichen inneren Kern und einen nüchternen Verstand. In den Therapiegruppen erlebe ich immer wieder großes Erstaunen darüber, welche Wahrheiten, richtigen Beobachtungen und kritischen Betrachtungen von gehemmten Menschen geäußert werden, wenn diese sich erst einmal dazu durchgerungen haben, ihre Meinung zu sagen. Der Gehemmte stellt sein Licht ständig unter den Scheffel. Weil ihm die Erfahrung darin fehlt, sich mitzuteilen, muss er in kleinen Schritten üben, was für andere ganz selbstverständlich ist. Um das eigene Selbst zu entfalten, ist die Überwindung von Ängsten notwendig. Der Lohn dafür ist eine Steigerung des Selbstwertgefühls. Die soziale Kompetenz sowie der Glaube an sich selbst wachsen; das trägt maßgeblich zu mehr Lebensfreude bei.

Dauerhafter Fortschritt ist nur denkbar, wenn die Freude an der Veränderung bleibt. Die Gefahr, in die alten Verhaltensmuster zurückzufallen, ist gegeben.

Das neue Programm *Ich habe ein Recht auf meine Meinung* ist für jeden richtig, der seinen Ärger bisher in sich »hineingefressen« oder sich nicht getraut hat, offen über seine Einstellungen, Wahrnehmungen und Wünsche zu sprechen. Dies nicht zu tun bedeutet, sich selbst zu entwerten.

Eigenständiges Denken ist Kennzeichen eines gesunden Selbstwertgefühls. Sich selbst zum Ausdruck zu bringen, sich nicht zu verstecken gehört zu einem erfüllten Leben.

Ich habe ein Recht auf meine Gefühle

Geheime Programme führen zur Unterdrückung von Gefühlen.[6] In der Therapie ist von Gefühlsblockaden die Rede; damit ist gemeint, dass bestimmte Gefühlsbereiche nicht zum Ausdruck gebracht werden können. Neue Programme helfen, diese wiederzuentdecken und ein reichhaltiges Leben zu erschließen. Das neue Programm *Ich habe ein Recht auf meine Gefühle* erlöst aus dem inneren Gefängnis. Ich darf so sein, wie ich bin, brauche mich nicht zu verstellen oder meine Gefühle zu verstecken.

Im Folgenden werden die vier Grundgefühle besprochen. Dabei handelt es sich um Ärger/Wut, Trauer, Angst und Freude. Die Grundgefühle sind elementar, alle weiteren lassen sich von ihnen ableiten. Zu Ärger gehört beispielsweise auch Groll, Jähzorn oder Zynismus.

DIE ÄRGERBLOCKADE

Jemand, der seinen Ärger immer wieder hinunterschluckt, sich nicht traut, seine Meinung zu sagen, sich nicht wehren kann, oft ausgebeutet wird, trägt innere Programme in sich, die seine Gefühle blockieren: *Ich darf mich nicht wehren; wenn ich mich wehre, geht es mir schlecht; ich ziehe immer den Kürzeren.*

Sich angemessen wehren und mit Nachdruck Ziele verfolgen zu können, gehört wesentlich zu einem guten Selbstwertgefühl. Das neue Programm *Ich habe ein Recht auf meinen Ärger* stellt Sie immer wieder vor die Entscheidung zu schweigen oder aber den eigenen Ärger bewusst zu beschreiben, um berechtigte Bedürfnisse durchzusetzen.

Frau H. war das älteste von sechs Kindern. Schon früh übernahm sie Verantwortung und viele Arbeiten in der Familie. Ihr Bemühen, für

Harmonie zu sorgen, war extrem; dennoch ärgerte sie sich, wenn sie als »Hausmütterchen« bezeichnet wurde.

Wenn ihre Geschwister sich vor Arbeit drückten, wurde diese auf sie abgewälzt. Schon früh hatte sie es aufgegeben, sich dagegen zu wehren. Ihre Programmierung war dementsprechend *Streiten ist sinnlos; sich wehren ist sinnlos.* Sie schluckte ihren Ärger hinunter und war sicher, das Beste für sich und andere zu tun. Später heiratete sie einen suchtkranken Partner, dessen Exzesse sie 27 Jahre lang ertrug.

In der Therapiegruppe zeigte sie sich zunächst wieder bemüht, für Harmonie zu sorgen. Endlich konnte sie ihr Programm *Es ist sinnlos, sich zu wehren* entdecken. Sie hatte sich früh abgewöhnt, ihrem Ärger »Luft« zu machen.

Wer Ärger nicht angemessen zeigen kann, wird verstärkt andere Gefühle spüren. Vor allem wird er unter vielen Ängsten leiden, da er glaubt, sich nicht wehren zu können. Wer sich nicht wehrt, entwickelt häufig depressive Gefühle. Da es nicht gelingt, konstruktiv mit Ärger umzugehen, wird sich innerer Groll aufbauen. Dieser richtet sich letztlich gegen die eigene Person. Man fühlt sich unzulänglich und schwach.

DIE TRAUERBLOCKADE

Trauergefühle sind in einer Leistungsgesellschaft tabuisiert. Man hat keine Zeit für Trauer, und wenn, dann muss sie schnell vorübergehen. Das bedeutet, dass Trauer zur Privatsache herabgewürdigt wird. Mit Trauer wollen viele nicht konfrontiert werden, weil sie nicht wissen, wie sie reagieren sollen. Besonders die Erfolgreichen, die Tüchtigen und Starken haben immun gegen seelischen Schmerz zu sein. In der Werbung sieht man nahezu ausschließlich lachende, gesunde Menschen, die unterschwellig suggerieren, wie man zu sein hat: unbeschwert und ständig glücklich im Konsumrausch. Trauer zu zeigen heißt schwach zu sein.

Trauer wird bei vielen bereits während der frühen Kindheit blockiert. Schwäche zeigen wird negativ bewertet oder bestraft, nach der Devise *Ein Indianer kennt keinen Schmerz.* Das geheime Programm lautet dann *Ich muss hart/unverletzlich sein.* Kinder lernen vor allem am Modell; daher ist es wichtig, einen angemessenen Umgang mit Trauer einzuüben.

Eine weitere Variante, Trauer zu unterdrücken, ja geradezu zu verhindern, besteht darin, dass Eltern versuchen, jede Unannehmlichkeit, jede Härte von ihrem Kind fernzuhalten. So wird ebenfalls früh vermittelt, dass Trauer ein unangemessenes Gefühl ist.

Menschen mit einer Trauerblockade können ihren Schmerz nicht zeigen und scheinen keine Tränen zu haben. Sie wirken oft hart und unnahbar. Statt Trauer zeigen sie meist ein Übermaß an Wut.

Das geheime Programm *Ich genüge nicht* führt nicht selten in eine Trauerblockade, nach der Devise, *wenn ich meinen Schmerz zeige, genüge ich noch weniger; wenn ich mich traurig zeige, gelte ich als schwach.*

Letztlich können schmerzliche Ereignisse mit dieser Haltung nicht bewältigt werden, da der Betroffene das Unabwendbare nicht bejahen kann. (Mehr über Trauerblockaden weiter unten – Kapitel: Trauerarbeit)

DIE ANGSTBLOCKADE

Ähnlich wie Trauer ist in der Leistungsgesellschaft auch Angst tabuisiert; Angst zu haben bedeutet Schwäche. Frauen dürfen eher Ängste äußern als Männer. Besonders soziale Ängste werden versteckt: die Angst vor Zurückweisung, vor Autorität, vor Bloßstellung, vor Niederlagen.

Meist wird Angst hinter einer Maske (eventuell von Stärke) versteckt; niemand soll sie wahrnehmen. Zum Image des Erfolgreichen gehört, dass er keine Angst zeigt. Auch hier wird deutlich, dass das geheime Programm *Ich genüge nicht* zur Unterdrückung von Gefühlen führt.

Über Ängste reden dürfen, ist der erste Schritt zu ihrer Bewältigung. Jeder hat spezielle Ängste, die er verbirgt, weil er sich schämt oder befürchtet, als schwach und unzulänglich angesehen zu werden.

WENN FREUDE BLOCKIERT IST

Über der Leistungsgesellschaft liegt der Schleier einer milden Depression. Die Gefühle sind allgemein flacher. Wenn wir beobachten, wie Menschen anderer Kulturen sich bewegen, tanzen und ihren Gefühlen Ausdruck verleihen, könnten wir richtig neidisch werden. Freude als Lebensgefühl ist vielen zu wenig zugänglich.

Der Missbrauch von Rauschmitteln, um aus sich herauszugehen, um Freude zu spüren, ist letztlich eine sichere Methode, auf Dauer Freude zu blockieren.

Immer wenn Gefühle unterdrückt werden, wird auch Freude unterdrückt. Wer nicht trauern kann, kann sich auch nicht richtig freuen. Die Fähigkeit, Freude zu empfinden, hängt maßgeblich von den destruktiven geheimen Programmen ab. Jemand, der nicht erwünscht ist oder verinnerlicht hat, nicht zu genügen, wird sich schwerlich von Herzen freuen können. Die geheimen Programme blockieren Freude, und erst neue Programme führen zur (Er)Lösung.

Herr T. war schon als Kind traurig. Viel zu oft wurde er sich selbst überlassen; die Eltern waren in ihrem Geschäft gefordert, Vergnügen kannten sie kaum. Während der Therapie beschreibt er, dass er sich nie richtig freuen konnte, auch nicht in Situationen, in denen sich andere von Herzen hätten freuen können. Das neue Programm *Ich habe ein Recht auf meine Freude* ließ sich nur mühsam installieren. Ganz allmählich gelang es Herrn T., vorsichtig darüber zu sprechen, dass bestimmte Situationen ein leichtes Gefühl von Freude verursachten. Und ganz allmählich gelang es ihm zu spüren, dass er ein Recht auf Freude hat.

Der Zugang zu Freude war für Herrn T. auch möglich, weil er sein Schicksal besser verstand und sich damit aussöhnte.

Wie wir gesehen haben, sind die geheimen Programme tief in der Persönlichkeit verankert. Sie wurden während der Kindheit, als die Seele noch sehr formbar war, dort installiert. Wenn das neue Programm keine oberflächliche, unwirksame Floskel bleiben soll, dann ist es notwendig, es in einer Stimmung aufzunehmen, die emotionales Lernen ermöglicht – als kehrte man zurück in die Kindheit. Alles, was mit starken Gefühlen aufgeladen ist, wird in der Psyche verankert. Das gilt für positive Inhalte (neue Programme) ebenso wie für negative (Traumatisierungen).

Was für emotionales Lernen wichtig ist

Aus der Sicht eines Kindes sind alle Menschen gleich wertvoll. Kleine Kinder leben in einer magischen Welt, die aus lauter Wundern besteht. Sie staunen über Blumen und Schmetterlinge, und ihre Gefühle sind spontan und echt. Demgegenüber sind Erwachsene abgeklärt und glauben, alles verstanden zu haben.

Das *innere Kind* ist ein Bild in der Psychotherapie. Wenn das innere Kind heilen soll, dann ist das nur möglich, indem es Zuwendung erfährt und die frühen Wunden und Verletzungen die Aufmerksamkeit bekommen, die sie verdienen.

Der Kontakt zu Menschen kann heilsam sein, zu Menschen, die dabei helfen, die innere Überzeugung, in Ordnung zu sein, zu genügen und auf dieser Welt willkommen zu sein, zu stärken. Entscheidend ist, ob man ihnen glaubt oder sich wieder seinem geheimen Programm zuwendet. *Ich darf mir helfen lassen* lautet die neue Devise. Bisher hieß es *Ich muss es alleine schaffen.* Für das neue Programm muss man sich also öffnen, muss bereit sein, es anzunehmen, und dabei darf man sich helfen lassen.

In einer therapeutischen Gemeinschaft, in der man gemeinsam nach den geheimen Programmen sucht und sich bemüht, neue zu integrieren, ist es richtig, über alles zu sprechen, was in der Vergangenheit schwer und belastend war. Hier ist Trauerarbeit möglich.

ABSTINENT WERDEN

Von den Gegenprogrammen gilt es abstinent zu werden. Für Suchtkranke ist es beispielsweise erforderlich, dass sie auf ihr

Suchtmittel verzichten. Aus dem bisher Gesagten ist zu erkennen, dass viele Verhaltensweisen Suchtcharakter bekamen, ein »Kontrollverlust« wurde beobachtet. Dies gilt nicht nur für stoffgebundene Süchte wie die Drogen-, Alkohol- oder Esssucht, sondern auch für die sogenannten nicht stoffgebundenen wie etwa Arbeitssucht, Sexsucht oder das exzessive Betreiben von Sport. Gegenprogramme, so haben wir gesehen, lösen nicht nur das eigentliche Problem nicht, vielmehr entwickelt sich eine Eigendynamik, die in eine Abwärtsspirale führt: Man kann das destruktive Verhalten nicht beenden. Betroffene leiden unter Symptomen, die auf die tieferliegenden geheimen Programme hinweisen. Wird die Botschaft nicht verstanden, wird die Seele weiter »rebellieren« müssen und sich mit Hilfe von Leid wehren.

Bestimmte eingeübte Verhaltensweisen lassen sich nicht so leicht verändern, da sie eine scheinbare Befriedigung vermittelten. Diese einfach abzustellen erscheint vielfach unmöglich. Die Hinwendung zu den neuen Programmen erleichtert den Wechsel ungemein, da man nun etwas tut, was zu tatsächlicher Zufriedenheit führt. Es entsteht kein Vakuum, das schwer zu ertragen ist, sondern eine tatsächliche Problemlösung. Wieder gilt es zu verstehen, dass es um das Hier und Jetzt geht. Lediglich der kleine Schritt, der jetzt zu tun ist und getan wird, gilt. Um einen hohen Berg zu besteigen, sind viele kleine Schritte erforderlich.

DAS PRINZIP DER KLEINEN SCHRITTE

Die geheime Programmierung *Ich genüge nicht* kann sich sozusagen durch die Hintertür wieder einschleichen, nämlich dann, wenn man zu schnell zu viel erreichen will. Wer alles auf einmal will, wird spüren, dass das nicht geht, und sich deswegen wieder unzulänglich fühlen. Wieder werden Selbstzweifel geschürt. Das Motto lautet: *Der Weg ist das Ziel, niemand wird perfekt.* Nachsicht üben mit sich selbst, akzeptieren, dass Fehler und Schwächen zum alltäglichen Leben gehören – das zu lernen soll man sich bemühen.

Vielfach ist schnelle Veränderung überhaupt nicht möglich. Die Installation des neuen Programms gestaltet sich schwieriger als zunächst angenommen. Die innere Haltung *In mir ist schon alles vorhanden* oder *Nur in mir finde ich alles, was ich brauche* lenkt auf den Kern und auf das, was möglich ist. Es geht um das Freilegen des eigenen Werts, der schon immer vorhanden war und ist. Man muss nur den »Schutt« beiseiteräumen, der ihn verdeckt.

Um dem Prinzip der kleinen Schritte zu folgen, bedarf es einer gewissen Geduld und der Überzeugung, auf dem richtigen Weg zu sein. Das Wichtigste ist daher nicht, schnell vorwärtszukommen, sondern auf dem richtigen Weg zu bleiben. Neue Denk- und Verhaltensmuster brauchen Zeit, um sich in der Psyche zu etablieren.

Während einer Therapie werden sich die geheimen Programme immer wieder »melden«. Das ist richtig und notwendig, da sie so bearbeitet werden können.

DIE OPFERROLLE VERLASSEN

Viele Menschen befinden sich unbewusst in der Opferrolle. *Ich bin Opfer, weil ich nicht erwünscht war, oder Opfer widriger Lebensumstände. Ich bin Opfer, weil ich meinem Vater nie genügen konnte, weil meine Mutter mich nicht lieben konnte, weil ich sexuell missbraucht wurde.* Die geheimen Programme *Ich bin nicht erwünscht, Ich genüge nicht, Ich bin nicht satt geworden* führen in Abhängigkeit. Unbewusst macht man sich abhängig von dem, was man nicht bekommen hat. Das erzeugt Unzufriedenheit und ständigen »Hunger«.

Wer in der Opferrolle lebt, leidet unter mehr oder weniger starkem Groll. Immer bleibt das Gefühl, zu kurz gekommen zu sein. Die innere Wut ist dauerhaft, sie wurde zu einem Bestandteil der Persönlichkeit. Da sie keine wirkliche Auflösung erfährt, wird sie letztlich gegen die eigene Person gerichtet. Betroffenen ist nicht bewusst, dass es auch ganz anders sein könnte, wenn es gelingen würde, die Opferrolle zu verlassen. Die Opferrolle kann nur der verlassen, der verstanden hat, wie sehr er ihr verfallen war.

Herr G. ist deprimiert, am liebsten würde er alles »hinschmeißen«. Seit heute weiß er, dass die Insolvenz seiner Firma unausweichlich ist. Des Öfteren flüchtete er sich schon in die Opferrolle. Seinem alkoholkranken Vater gab er die Schuld an seinem geringen Selbstwertgefühl. Jetzt, während der Therapie erkennt er, dass er die Wahl hat, sich wieder in die Opferrolle zu begeben oder aber seine durchaus vorhandenen Fähigkeiten, Krisen konstruktiv zu lösen, zu aktivieren. In Zeiten, in denen es ihm eigentlich hätte gut gehen können, zog er sich in eine depressive Passivität zurück.

Erst die neuen Programme helfen, die Opferrolle zu verlassen. Insbesondere helfen sie dabei, unabhängig zu werden und die Verantwortung für das eigene Leben zu übernehmen.

Sich als Opfer zu fühlen führt zu innerer Labilität und verursacht immer eine Schwächung des Selbstwertgefühls. *Resilienz* nennt man die Fähigkeit, mit schwierigen Lebenssituationen, Erschütterungen und tragischen Ereignissen gut und konstruktiv umzugehen. Die psychologische Forschung hat gezeigt, dass nicht jedes schlimme Ereignis Menschen aus der Bahn werfen muss. Auch nicht jedes Kind, das in katastrophalen Verhältnissen aufwuchs, muss psychisch krank werden. Etwa ein Drittel dieser Kinder zeigt erstaunliche Widerstandskräfte. Als Erwachsene sehen sie sich nicht in der Opferrolle, sind optimistisch, gehen Konflikten nicht aus dem Weg und zeigen ein großes Verantwortungsgefühl. Offensichtlich betrachten sie ihre schwierige Herkunft als Herausforderung.

Menschen in der Opferrolle versinken in Selbstmitleid und drehen sich im Kreis; so bleibt es bei einem »Nein«. Ein Leben in der Opferrolle kann nicht zu Zufriedenheit führen; daher ist es wichtig, die Opferrolle aufzugeben. Das ist nicht immer leicht, denn Menschen sind tatsächlich oft Opfer schwierigster Lebensumstände. Man ist Opfer seiner geheimen Programmierungen, eventuell schwerer Missbrauchserfahrungen, Misshandlungen und seelischer Verletzungen. Diese Ereignisse wollen bearbeitet und verarbeitet werden. Die Opferrolle kann in diesen Fällen erst losgelassen werden, wenn ein Trauerprozess stattgefunden hat.

Die Aufmerksamkeit wird darauf gelenkt, wo sich im Alltag das neue Programm entfaltet. Wer sein Augenmerk darauf lenkt, tut eigentlich nur das, was erfolgreiche Menschen unbewusst grundsätzlich tun: Sie beobachten, wo sich ihre positiven Selbstvorgaben erfüllen. Wenig Erfolgreiche oder Ängstliche beobachten, wo sich ihre negativen Vorgaben erfüllen, und leben eventuell in der ständigen Erwartung, Nachteile zu haben.

Typische Probleme bei der Installierung der neuen Programme in den Alltag

Nachdem sowohl die eigenen geheimen Programme, die Gegenprogramme als auch die neuen Programme erkannt wurden, gilt es, mit den neuen Programmen im Alltag zu arbeiten. Bleiben spürbare Fortschritte aus, ist es nötig, die Ursachen zu finden.

Frau F. beklagt sich, dass es ihr nicht besser geht. Sie kennt ihre früheren und neuen Programme, fühlt sich jedoch unzulänglich; sie möchte schneller Fortschritte in der Therapie erzielen.

Dass es Frau. F. nicht besser gehen kann, liegt vor allem an ihrer Partnersituation. Sie hat sich verliebt. Eigentlich will sie ihren Ehemann verlassen, was aber zur Folge hätte, dass sie auch ihren Sohn verliert. Weiterhin fürchtet sie sich vor einem sozialen Abstieg, dem Verlust von Sicherheit. Frau F. will sich nicht entscheiden, da sie keinerlei Nachteile in Kauf nehmen will.

Die neuen Programme können nur wirksam werden, wenn wir Verantwortung für unser Leben übernehmen und uns so verhalten, dass wir auf Dauer glücklicher sind. Wer in einer destruktiven Beziehung lebt, von der er weiß, dass er darin unglücklich bleibt, den Mut zur Trennung jedoch nicht aufbringt, kann von einem neuen Programm nicht wirklich profitieren. Dasselbe gilt für denjenigen, der von einem Suchtmittel abhängig ist, sei es von Alkohol, Aufputschmitteln, Beruhigungsmitteln oder Kokain. Man versucht der Angst und dem Schmerz auf unrealistische Weise zu entgehen. Doch solange man Verhaltensweisen beibehält, die nachweislich Gegenprogramme sind, werden die neuen Programme blockiert.

GEWOHNTE DENKMUSTER

Die gewohnten Denkmuster lassen sich oft nicht so leicht abstellen, da sie in »Fleisch und Blut« übergegangen sind. Hier hilft nur Klärung: Welches geheime Programm ist gerade wieder aktiv, welches Gegenprogramm ist gerade wieder am Werk? Ein geschärftes Bewusstsein für die augenblickliche Situation verändert den Blickwinkel und bietet die Chance einer neuen Orientierung.

Herr D. kennt seine Grübelzwänge, die ihn regelmäßig quälen. Fast permanent drehen sich seine Gedanken um irgendwelche Probleme. Oft entwickeln seine Gedanken eine extreme Geschwindigkeit und geraten nicht selten in eine schädliche und unerwünschte Richtung.

Es ist mitunter notwendig, dem Gedankenkarussell ein deutliches »Stopp« zu gebieten. Das kann man leise sagen; viel wirksamer ist allerdings, wenn man Gelegenheit hat, es laut auszusprechen.

Der einfachste Weg, unliebsame Gedanken abzustellen, besteht darin, ihnen eine andere Richtung zu geben. Der Blick wird wiederum auf das neue Programm gerichtet. So verändert sich der Blickwinkel. Das hat zur Folge, dass sich auch das Gefühl verändert. So wie wir denken, fühlen wir: Wenn ich denke, nicht zu genügen, werde ich automatisch unzufrieden und laufe wieder Gefahr, ein unwirksames Gegenprogramm zu praktizieren. Immer, wenn wir unzufrieden, verstimmt und schlecht gelaunt sind, lohnt es, nach den geheimen Programmen zu fahnden, die sich offensichtlich wieder gemeldet haben.

RÜCKFÄLLE

Das geheime Programm »schläft« nie, daher sind Rückfälle in das schädliche Verhalten nicht zu vermeiden. Der Versuch, das auszuschließen, ist immer eine Überforderung, die wieder das geheime Programm *Ich genüge nicht* aktiviert. Wer sein Bewusstsein so geschärft hat, dass er sein Drama verstanden hat, sieht einen wesentlichen Fortschritt darin, dass er seinen Rückfall in alte Verhaltensweisen *erkennt*. Erst jetzt hat er die Chance, etwas zu korrigieren.

Ein Rückfall ist kein Grund zur Resignation. Die Frage lautet immer, wie er zu beenden ist. Häufig beginnt er damit, dass sich wieder selbstabwertende Denkmuster einstellen. Die Hinwendung zum neuen Programm, zu den neuen Überschriften beendet den Rückfall. Wir werden nicht perfekt und müssen es auch nicht. Schließlich ist »Humor der beste Therapeut«. Wenn wir aufhören, uns den Rückfall übelzunehmen, und über uns selbst lachen können, wächst unsere innere Stabilität und unser positives Selbstgefühl.

Die Arbeit mit Rückfällen wird viel eher möglich, wenn die Gegenprogramme bewusst sind und bleiben. Rückfälle sind immer daran zu erkennen, dass die Gegenprogramme wiederbelebt und gelebt werden.

Gegenprogramm Anpassung: *Ich habe wieder Ja gesagt, obwohl ich Nein sagen wollte.*

Was spricht dagegen, aus dem Ja ein Nein zu machen und zu

erklären, dass man die Aufgabe doch nicht erledigen will? Als Erklärung reicht es zu sagen, dass man lieber etwas anderes tut oder keine Lust dazu hat. Hauptsache, man steht zu seinen wahren Absichten. Wer sich immer angepasst hat, wird Angst vor Zurückweisung verspüren oder sich schuldig fühlen. Zunächst erscheint es daher leichter, sich wieder anzupassen. Wer sich aber selbst behauptet, wird spüren, dass seine Persönlichkeit wächst, dass er besser akzeptiert wird. Das neue Programm *Ich genüge mir immer* hilft, bekannte Selbstzweifel zu überwinden und dem geheimen Programm *Ich genüge nicht* die Wirkung zu nehmen. An dieser Stelle gilt wieder das Prinzip: Wo die Angst ist, ist der Weg.

Gegenprogramm Arbeit/Leistung: *Ich arbeite wieder, um dem Vorgesetzten zu gefallen, um ihn nicht zu verärgern.* Das zu erkennen setzt Selbstbewusstsein voraus: Ich bin mir meiner selbst bewusst. Die Frage lautet: Arbeite ich, weil das zu meinen Aufgaben gehört oder weil ich es gerne mache? Es handelt sich auch um einen Rückfall, wenn ich arbeite, um unliebsamen Situationen oder dem Kontakt zu anderen Menschen zu entfliehen oder weil die Gier nach Geld höchste Priorität hat.

Gegenprogramm Beziehung: Im Alltag stellen sich leicht die gewohnten Verhaltensmuster wieder ein. Wiederum erwarte ich von meinem Partner, dass er meine emotionalen Probleme löst. Der Partner soll mich in meiner Angst beruhigen, mir unliebsame Aufgaben abnehmen, mir sagen, was ich tun soll. Den Mangel an Selbstständigkeit soll der Partner auflösen. Ich suche das Glück nicht in mir selbst, nehme mein Leben nicht selbst in die Hand, sondern richte meine Erwartung wieder an den Partner. Ich trete ihm nicht auf Augenhöhe gegenüber, ich stelle mich unter oder über ihn.

Eine sinnvolle und effektive Methode, Verhaltensrückfälligkeit zu beenden, ist das Gespräch. Die Klärung kann für beide Seiten fruchtbar sein. Nicht selten ist Geduld gefragt, da Verhaltensänderungen mit Angst verbunden sind. Wenn der Partner Funktionen verliert, lösen sich Abhängigkeiten. Hat die Beziehung dann immer noch Bestand oder geht sie zu Bruch? Es gilt die Beziehung neu zu beginnen und so zu gestalten, dass sie von Eigenständigkeit gekennzeichnet ist. Nicht mehr der Partner ist für das eigene Selbstwertgefühl zuständig. Geschenkte Liebe kann integriert werden, weil Selbstannahme und Selbstliebe das ermöglichen.

Gegenprogramm Perfektionismus: *Ich versuche wieder, perfekt zu sein*. Das neue Programm fordert zu Bewusstheit im Hier und Jetzt auf.

> Frau K. beobachtet sich dabei, wie sie mehrmals täglich das Waschbecken poliert. Herr T. macht Überstunden, um sicherzugehen, dass auch der kleinste Fehler ausgeräumt ist, obwohl das niemand verlangt. Herr Z. kann keine Arbeit delegieren, da er befürchtet, dass sie nicht exakt erledigt wird.

Der vergebliche Kampf um Anerkennung mit Hilfe von Perfektionismus kann beendet werden. *Ich genüge mir immer* ist das neue Programm. Es hilft, die Mitte zu finden und sich von überflüssigen Tätigkeiten zu befreien.

Gegenprogramm Helfen: *Ich helfe wieder, um meinem Gefühl der Wertlosigkeit entgegenzuwirken.*

Aus der Distanz heraus kann man erkennen, dass Rückfälle positiv zu bewerten sind, machen sie doch deutlich, wo noch Handlungsbedarf besteht. Damit sind keine bewusst herbeigeführten Rückfälle gemeint, sondern solche, die sich im Alltag wieder eingeschlichen haben. Wer sich mit seinen geheimen Programmen und Gegenprogrammen beschäftigt hat, erkennt, dass er beispielsweise wieder zu Mehrarbeit bereit war, obwohl er das eigentlich ablehnen wollte. Dadurch, dass die innere Achtsamkeit erhöht ist, werden Rückfälle bewusst wahrgenommen.

Die richtige Haltung ist, Rückfälle als wichtige Begleiter zu erkennen. Wer keine Rückfälle erleben möchte, setzt sich selbst zu sehr unter Druck – das wäre ein Rückfall in Perfektionismus. Je gelassener aus einem Rückfall die Konsequenz gezogen werden kann, umso besser. Weiterhelfen kann wieder der Satz: *Ich genüge mir immer, auch wenn ich einen Rückfall in frühere Verhaltensweisen erlebe. Ich genüge, weil ich mich bemühe, die Konsequenz zu ziehen.*

Das Prinzip der kleinen Schritte verlangt Geduld mit sich selbst. Ungeduld macht zwangsläufig unzufrieden und rückfällig. Die Achtsamkeit für den Augenblick ist auch eine geistige Übung, die zur Reifung der Persönlichkeit führt, zu einer heiteren Gelassenheit im Hier und Jetzt.

Die Kunst besteht darin, sich offen zu zeigen und einen kreativen Umgang mit Rückfällen zu pflegen.

→ Die tägliche Arbeit mit den neuen Programmen kann durch Führen eines Tagebuchs wirkungsvoll unterstützt werden.

Wie findet man seine geheimen Programme?

Die meisten Menschen können anhand der aufgeführten Liste leicht das geheime Programm erkennen, das auf sie zutrifft. Das ist jedoch nicht immer der Fall.

Herr G. stand vor einem Rätsel. Als Anwalt war er sehr erfolgreich, trotzdem ließen seine Unzufriedenheit und seine Maßlosigkeit ihn scheitern. Er gab an, keines der genannten geheimen Programme wäre das seine. Sein Problem war, dass er für sich selbst in Anspruch nahm, perfekt zu sein. Eigene Fehler oder Schwächen konnte er nicht akzeptieren. Allein die Möglichkeit, dass er ein schädliches, geheimes Programm in sich tragen könnte, schien ihm völlig undenkbar.

Herr G. litt unter einer narzisstischen Persönlichkeitsstörung. Er suchte für sein Scheitern die Schuld immer bei anderen oder den äußeren Umständen, jedenfalls außerhalb seiner Person.

Jeder trägt mehr oder weniger wirksame negative Programme in sich – niemand ist perfekt. Es wird immer wieder deutlich, dass die geheime Programmierung sich im Alltag breitmacht. Auch wenn Herr G. an sich selbst den Anspruch stellte, perfekt zu sein, musste er zugeben, dass er unter dem ständigen Gefühl litt, nicht zu genügen. Das war auch der Fall, wenn er hochgesteckte Ziele erreicht hatte; Erfolge konnte er nicht genießen. Bei der weiteren Klärung seiner geheimen Programme erkannte er, dass er nie wirklich satt geworden war. Das geheime Programm *Ich bin zu kurz gekommen* spielte ebenfalls eine Rolle.

Man trägt für seine geheime Programmierung keine Schuld, da die geheimen Programme das Ergebnis früher Kränkungen und Verletzungen sind. Wie wir gesehen haben, waren sie oft Teil einer Überlebensstrategie, damit geradezu notwendig, um in einer Welt zurechtzukommen, die nicht förderlich war.

Die eigene Lebensgeschichte zu erforschen, insbesondere die »Spiegelungen« durch die Eltern, führt oft auf die richtige Spur. Waren die Eltern zufrieden? Gab es Vergleiche, etwa mit Geschwistern oder anderen, die tatsächlich oder vermeintlich besser waren? Hatten die Eltern hohe Erwartungen?

Manchmal spielt das Erziehungsverhalten eine große Rolle: Hat Verwöhnung stattgefunden? Oder Vernachlässigung? Sowohl der Verwöhnte als auch der Vernachlässigte tragen das geheime Programm *Ich bin nicht satt geworden* in sich. Die Folge sind Gegenprogramme, mit denen Betroffene versuchen, andere dazu zu bringen, sie zu »füttern«, oder sie greifen zu Mitteln wie Alkohol, übersteigertem Konsum oder anderen Dingen, um das entstandene »innere Loch« zu füllen.

SELBSTBEOBACHTUNG

Eine Methode, geheime Programme zu erforschen, ist die Selbstbeobachtung. Hinweise liefern hier Stimmungen im Alltag: Unzufriedenheit, Frustration, Überreaktionen, Unbehagen, Langeweile, Leere. Hinter diesen Empfindungen verstecken sich geheime Programme, die sich nicht von alleine auflösen. So unangenehm diese Gefühle auch sein mögen, so weisen sie doch auf das tieferliegende Problem hin. Nur wenn die geheimen Programmierungen bewusst werden, besteht die Hoffnung, sie bearbeiten zu können.

Auch hinter psychischen Symptomen verstecken sich geheime Programme, die es zu erkennen gilt: Depressionen, Aggressionen, Angststörungen, Suchterkrankungen und psychosomatische Erkrankungen lassen sich auf Dauer nur behandeln, wenn es gelingt, an der Wurzel des Übels anzusetzen.

Dass die geheimen Programme Schmerz verursachen, wurde beschrieben. Die Gegenprogramme sorgen für immer neuen Schmerz. Psychische Symptome sind im Grunde sinnvoll, weil sie unermüdlich auf die wahren Probleme hinweisen, sie wollen verstanden werden. Hinter einer Angststörung verbirgt sich häufig das geheime Programm *Ich genüge nicht*. Oft sind Ängste unrealistisch, etwa die Angst, bestimmten Erwartungen nicht gerecht werden zu können, die Angst zu versagen oder die Angst vor Zurückweisungen.

Ein schwaches Selbstwertgefühl erkennt man leicht am Umgang mit Kritik. So ist es geradezu ein Indikator für die Stärke des Selbstwertgefühls, wie Kritik angenommen und verarbeitet werden kann. Wenn Kritik schlecht ertragen wird, ist das immer ein Hinweis auf ein schwaches Selbstwertgefühl. Manche Menschen verbergen ihre leichte Kränkbarkeit jedoch hinter einer Fassade der Überheblichkeit. Sie geben sich nach außen stark, obwohl sie tief verletzt sind.

DIE MEHRGENERATIONEN-PERSPEKTIVE

Es ist immer sinnvoll, auch die geheimen Programme der Eltern und Großeltern zu erforschen, da sie, wie bereits erwähnt, Einfluss auf die eigene Programmierung haben. Drei Bereiche sind dabei von Bedeutung: Wie war die Grundstimmung in der Familie, welchen Stellenwert hatte Leistung, wie wurde mit Sexualität und dem eigenen Körper umgegangen? Eine gründliche Analyse ist wertvoll. Dabei ist festzustellen, dass die Haltungen und Eigenschaften, die am meisten abgelehnt und bekämpft wurden, den stärksten Einfluss behielten. Wer in der Kindheit strenge, versagende Eltern erleben musste, versucht das möglicherweise zu kompensieren, indem er seine eigenen Kinder verwöhnt und ihnen zu wenig Struktur und Grenzen bietet.

War oder ist die Beziehung zu einem Elternteil schlecht, findet sich nicht selten das geheime Programm *Ich will auf keinen Fall so sein wie meine Mutter / mein Vater.* Oft führt das zu einer verzerrten Wahrnehmung der eigenen Realität, da man häufiger als geglaubt ähnliche Verhaltensweisen zeigt wie der abgelehnte Elternteil, das aber nicht wahrhaben will. Wir tragen die Gene unserer Eltern in uns und sind ihnen in vieler Hinsicht ähnlich.

DER AUTONOMIE-ABHÄNGIGKEITS-KONFLIKT

Bewusst und unbewusst will sich jeder Mensch mit seinen Eltern identifizieren, möchte stolz auf sie sein; insbesondere möchte man sich mit dem gleichgeschlechtlichen Elternteil identifizieren. Ist das nicht möglich, geraten viele in einen Kampf um Unabhängigkeit, Gerechtigkeit, Anerkennung und Liebe; daraus entwickelt sich leicht ein Autonomie-Abhängigkeits-Konflikt.

Wut oder Hass auf die eigenen Eltern ist immer problematisch, weil er zu Selbsthass führt; man hasst u. a. die übernommenen mütterlichen/väterlichen Anteile: Man hasst sich selbst dafür, dass man genauso ist wie Vater oder Mutter bzw. die gleichen Fehler macht. Dieser Teufelskreis lässt sich nicht mit Gewalt durchbrechen. Der Konflikt will verstanden und bearbeitet werden. Unabhängigkeit wird erst möglich, wenn die entsprechenden geheimen Programme erkannt und bearbeitet werden. Der Konflikt kann nur durch Hinwendung zu sich selbst gelöst werden. Das, was ein Elternteil in der Kindheit nicht geben konnte, wird er auch in Zukunft nicht geben; aber man kann sich selbst vieles geben.

Schließlich macht man seinen Frieden mit den Eltern, die vielleicht fehlerhaft, unfähig, ungerecht, schwach und krank waren. Nur wer Verständnis für die Fehler seiner Eltern hat, kann gnädig mit sich selbst und seinen eigenen Fehlern umgehen. Es spielt auch keine Rolle mehr, ob Unrecht eingesehen wird. Entscheidend ist die eigene realistische Einschätzung und dass der aussichtslose Kampf um Anerkennung und Gerechtigkeit beendet werden kann.

DIE GEHEIMEN PROGRAMME IN EINER LEBENSKRISE

Besonders deutlich melden sich die geheimen Programmierungen in einer Krisensituation. Nahezu jeder erlebt im Laufe seines Lebens schwere Zeiten, die es durchzustehen und zu überwinden gilt.

> Herr F. entwickelte ein Burnout-Syndrom. Er hatte sich bei seiner Arbeit völlig verausgabt. Bei der geringsten Belastung fühlte er sich dem Zusammenbruch nahe, hatte Angst, den Tag zu überstehen, und fürchtete, kritisiert und für unfähig erklärt zu werden. Obwohl Herr F. objektiv keinen Grund hatte, sich unzulänglich zu fühlen, war seine innere Stabilität abhandengekommen. Die Symptomatik zeigte sich, nachdem er einen neuen Kollegen bekommen hatte, der besonders ehrgeizig war. Herr F. fühlte sich ihm oft unterlegen. Seine Programmierungen *Ich genüge nicht* und *Ich bin zu kurz gekommen* wurden offensichtlicher. Bis dahin hatte er versucht, seine geheimen Programme über Leistung zu kompensieren, sie so auszuschalten.

Wie unter einer Lupe wird das geheime Programm während einer Krise sichtbar. Wer das Problem genauer untersucht, wird feststellen, dass die geheimen Programme die Krise auslösten.

SELBSTERFAHRUNG

Der schon genannte Bibelspruch, dass man eher den Splitter im Auge seines Bruders als den Balken im eigenen Auge sieht, hat auch heute noch seine Berechtigung. Um uns selbst zu erkennen, benötigen wir einen »Spiegel«, dafür gilt es sich zu öffnen. Solch einen Spiegel finden wir in einer Selbsthilfegruppe, einer therapeutischen Gemeinschaft oder auch in einer Gruppentherapie. Durch direkte gegenseitige Rückmeldungen erfährt der Einzelne mehr über sich. Mit dem Ziel, den eigenen geheimen Programmen auf die Spur zu kommen, werden diese Rückmeldungen nicht als herabwürdigende Kritik verstanden. Sie können richtig oder falsch sein, jedenfalls dienen sie der Selbstreflexion. Nur das, was man für sich selbst als richtig erkennt, ist brauchbar.

Eventuell ist auch der Freundeskreis geeignet, eigenes Verhalten zu reflektieren. Hier lassen sich wichtige Einsichten gewinnen. Wir erkennen etwa Übereinstimmungen mit anderen Familienangehörigen in unserem Charakter sowie bei Verhaltensweisen. An vielen Stellen sehen wir auch, dass wir anders sind. Letztlich geht es darum, zu verstehen, wer wir selbst sind. Am ehesten erkennen wir uns in unseren Handlungen.

PSYCHOTHERAPIE

Ein effizienter Weg, den geheimen Programmen auf die Spur zu kommen, ist die Psychotherapie. Hier sind vor allem tiefenpsychologisch orientierte Methoden, in denen die eigene Biographie bearbeitet wird, sinnvoll.

Verhaltenstherapie eignet sich besonders bei der Installation der neuen Programme.

SELBSTWERTANALYSE

Die Selbstwertanalyse verschafft einen Überblick über die eigenen geheimen Programme und Gegenprogramme sowie über die möglichen neuen Programme. Zu diesem Zweck nehmen Sie ein leeres DIN-A4-Blatt quer und teilen es mit zwei senkrechten Strichen in drei gleich große Spalten. Tragen Sie nun in die erste Spalte die geheimen Programme ein, die Sie gefunden haben, in die zweite die Gegenprogramme und in die dritte die neuen Programme. Legen Sie das Blatt so an, dass Ergänzungen möglich sind. Erfahrungsgemäß werden Ihnen im Laufe der Zeit weitere Details Ihres Selbst bewusst und wahrscheinlich finden Sie weitere Verhaltensweisen, die Sie als Gegenprogramme erkennen, bzw. auch weitere geheime Programme. Folgende Fallbeispiele zeigen, wie eine Selbstwertanalyse aussehen könnte.

Frau Z. ist viel zu gutmütig und angepasst. In der Vergangenheit ließ sie sich ausnutzen. Die Auseinandersetzung mit ihren geheimen Programmen und Gegenprogrammen halfen ihr, sich neu zu orientieren.

Geheime Programme	Gegenprogramme	Neue Programme
Ich genüge nicht; Ich muss viel tun, um geliebt zu werden; Ich bin nicht satt geworden	Anpassung; Leistung; Helfen; Grübeln; Essen; depressiver Rückzug; Abhängige Beziehungen	Ich genüge mir immer; Ich habe ein Recht auf meine Meinung; Ich darf Nein sagen; In mir finde ich alles, was ich brauche

Herr G. war von Geburt an nicht erwünscht. Um Zufriedenheit zu erlangen, greift er zu Methoden, die lediglich neues Leid verursachen.

Geheime Programme	Gegenprogramme	Neue Programme
Ich bin nicht willkommen; Ich bin ein Verlierer; Ich bin nicht satt geworden	Negative Aufmerksamkeit auf mich ziehen; Leistung; Arbeit; Betrug; Alkohol; Drogen; Spielen	Ich bin willkommen; Ich genüge mir immer; In mir finde ich alles, was ich brauche; Ich bin ein Gewinner

Frau T. versuchte, sich an den eigenen Haaren aus dem Sumpf zu ziehen. Das führte zur Selbstüberforderung. Ihr psychischer Zusammenbruch war ihre Chance, neue Programme zu finden und zu leben.

Geheime Programme	Gegenprogramme	Neue Programme
Ich genüge nicht; Ich bin nicht satt geworden; Ich muss alles alleine schaffen	Leistung; Sucht nach Anerkennung; Perfektionismus; depressiver Rückzug	Ich genüge mir immer; In mir ist alles, was ich brauche; Ich darf mir helfen lassen

Die Selbstwertanalyse ist ein dynamischer Prozess. Wie in einem Krimi kann es durchaus spannend sein, den eigenen Geheimnissen auf die Spur zu kommen. Bei meinen Patienten erlebe ich immer wieder große Erleichterung, wenn sie endlich eine Erklärung für ihr schädliches Verhalten gefunden haben.

Wenn Sie sich bei (selbst)schädigenden Verhaltensweisen beobachten, können Sie sich fragen, ob Sie gerade ein Gegenprogramm anwenden.

TRAUERARBEIT

Alles Schwere im Leben wird nur mit Trauerarbeit bewältigt. Zur Selbstwertanalyse gehört das schonungslose Offenlegen von Ursachen und Wirkungen. Wie sehr haben die geheimen Programme bisher das Leben bestimmt, zu Misserfolgen, Verzweiflung, Selbstabwertung, Hass, Enttäuschung und gescheiterten Beziehungen geführt? Den Blick auf die dunklen Seiten der Persönlichkeit zu richten ist schmerzhaft. Am liebsten möchte man es vermeiden. Nur wer auf seinen Schmerz zugeht, kann seine Persönlichkeit weiterentwickeln.

In anderen Kulturen gilt das Ertragen von Schmerz als Tugend, in unserer Kultur ist Schmerzvermeiden das Ziel. Viele Menschen sind unfähig zu trauern, da ihnen diese Gefühle schon früh »aberzogen« wurden. In einer Konsumgesellschaft, die auf Nervenkitzel, Events und Aktion setzt, stellt das ein zentrales Problem dar.

Das Ziel von Trauerarbeit ist die Integration des schmerzhaften Ereignisses, ist, zu einem Ja zum Unabwendbaren zu finden.

> Nachdem Herr P. seine geheimen Programme erkannt hatte, wurde ihm bewusst, welchen Schaden sie in seinem Leben angerichtet hatten: Er wurde suchtkrank, Beziehungen scheiterten und seine materielle Basis war verlorengegangen. Herr P. war voller Wut und Groll auf sein Schicksal. Neue Programme zu installieren hielt er für unmöglich.

In vielen Fällen führt der Weg zu einer (positiven) Veränderung durch eine Zeit der Trauer. Am ehesten versteht man den Prozess, wenn man den Vorgang mit dem Verlust eines lieben Menschen, etwa eines nahen Angehörigen, vergleicht. Der Exkurs in das folgende *Vier-Phasen-Modell* beschreibt den Weg, der zur Integration des schweren Ereignisses führt. Dieser Prozess ist bewusst oder unbewusst das Grundmuster für jede gelingende Psychotherapie.

1. *Verleugnung:* Die erste Phase ist die Verleugnungsphase. Wenn etwas Unerträgliches ins Leben tritt, möchten wir es am

liebsten verdrängen. Ein seelischer Abwehrmechanismus hilft zunächst dabei, die Situation zu überstehen. Wenn ein naher Angehöriger stirbt, ist das eventuell so schockierend, dass man es nicht fassen, nicht begreifen kann. Man ist wie in Trance, schreibt Traueranzeigen, geht einkaufen, putzt die Wohnung. Man hat das Gefühl, dass der Verstorbene noch zur Tür hereinkommen müsste, dass man ihm noch etwas Wichtiges sagen wollte. Die Verleugnung schützt vor Überforderung und ist ein normaler menschlicher Abwehrmechanismus.

2. *Schmerz, Verzweiflung, Wut:* Die zweite Phase ist davon gekennzeichnet, dass die Verleugnung nicht mehr aufrechterhalten werden kann – das System bricht zusammen. Der Verlust ist eine Tatsache. Ein nie gekannter Schmerz und tiefe Verzweiflung überschwemmen den Betroffenen. Er hadert mit Gott, der so etwas zulassen konnte, mit seinem Schicksal, ist wütend auf sich selbst, weil er vielleicht etwas unterlassen hat, was das Unabwendbare verhindert hätte: andere Ärzte, andere Vorsichtsmaßnahmen. Wut gehört zum normalen Trauerprozess dazu. Ein typisches Problem ist das »Steckenbleiben« in Wut und Groll. So wird Phase drei, die eigentliche Trauerarbeit, blockiert. Diesem Problem werden wir noch an anderer Stelle begegnen.

3. *Trauerarbeit:* Ziel ist die Integration eines schweren Schicksalsschlages in das eigene Leben. Trauer ist keine Krankheit, sondern ein Gefühl, welches zu unserem Leben gehört. Viele Menschen haben allerdings eine sogenannte Trauerblockade, sie finden keinen Zugang zu ihrer Trauer und können sie nicht bearbeiten. Sie versuchen beispielsweise, mit der Trauer alleine fertig zu werden. Viele empfinden anstelle von Trauer nur Wut oder Groll (Phase 2).

Trauerarbeit findet statt, wenn man auf den Schmerz zugeht. Es gilt, über alles, was schwer ist, zu sprechen. Das Leid will mit*geteilt* werden, das bedeutet im wahrsten Sinne des Wortes, den Kummer zu teilen – immer wieder.

Trauer braucht so lange, wie sie dauert. Man kann sie nicht künstlich abkürzen. Trauernde brauchen Trost, auch wenn sie zunächst untröstlich scheinen und möglicherweise selbst glauben, dass der Schmerz nie aufhören wird. Wirklicher Trost kommt von demjenigen, der einfach nur zuhört und nicht sagt, was zu tun ist. Es ist auch nicht angemessen zu behaupten, dass man den

Trauernden versteht; denn wirklich verstehen, was in einem Trauernden geschieht, kann niemand.

Es gibt Tränen der Wut und es gibt Tränen der Trauer. In den Tränen der Wut ist immer ein Nein versteckt (Phase 2). Echte Trauer ist ein tiefes menschliches Gefühl, welches dazu verhilft, das Unabwendbare zu akzeptieren. Tränen der Trauer führen zu Erleichterung.

4. *Integration:* Durch Integration wird der Trauerprozess abgeschlossen. Das bedeutet nicht, dass der Verstorbene aus dem Bewusstsein verschwunden ist, im Gegenteil. Er hat einen unverrückbaren Platz im Herzen gefunden, ein tiefes Gefühl der Verbundenheit bleibt. Die Liebe hört nicht auf, im Gegenteil: Sie macht frei, und das Herz ist nicht mehr schwer, sondern leicht.

Wer durch den Schmerz geht, erlebt Reifung, und das Leben gewinnt an Tiefe. Wirklich trauern können, loslassen können ist die Voraussetzung für Freiheit, Selbstliebe und ein Mehr an Glück. Nur wer richtig trauern kann, kann sich auch richtig und unbeschwert freuen.

DAS GEHEIME PROGRAMM UND TRAUERARBEIT

Verleugnung: Alles, was nicht so sein darf, wie es ist, wird leicht Opfer der Verleugnung. Das gilt besonders für die geheimen Programme. Sie werden verdrängt, verleugnet und geraten so leicht immer wieder in Vergessenheit. Dabei ist es von höchster Bedeutung, dass das geheime Programm bewusst wird und bleibt. Wer sein geheimes Programm wieder vergisst, wird es wieder leben müssen. Daher ist eine gründliche Auseinandersetzung erforderlich. Der oben beschriebene Prozess, mit Hilfe von Trauerarbeit zu einer Integration des geheimen Programms zu gelangen, ist der logische Weg.

Verzweiflung, Schmerz, Wut: Geheime Programme verursachen Schmerz, Enttäuschungen, Verzweiflung und Wut. Viele, die nach außen den Eindruck erwecken wollen, es gehe ihnen gut, tragen eine Maske, hinter der sie ihren Schmerz verstecken. Mit Hilfe der Gegenprogramme versuchen sie, Kummer und Wut zu unterdrücken: wie wir sehen konnten, ohne das Problem wirklich zu lösen.

Trauerarbeit: Indem die Auswirkungen der geheimen Programme besprochen werden, findet Trauerarbeit statt. Wie sehr war man dem destruktiven Muster ausgeliefert? Welche Irrwege wurden beschritten? Welche Chancen wurden vertan? Wie sehr haben Beziehungen gelitten? Diese Auseinandersetzung führt zu Klarheit.

Herr K. war nicht erwünscht. Frühe Vernachlässigung in schwierigen Verhältnissen verhinderten seine Chancen, ein sinnvolles Leben zu führen. So gelang es ihm nicht, eine Ausbildung abzuschließen. Er suchte Kontakte zu »Freunden«, die, ähnlich wie er, scheinbar ohne Perspektive waren. Sein Gegenprogramm bestand hauptsächlich aus Wut und Trotz: »Wenn ich schon nicht erwünscht bin, dann will ich auch dafür sorgen, dass ich es nicht bin!« Er wurde kriminell und suchtkrank.

Herr K. erkannte, dass er sich für das, was ihm angetan wurde, rächen wollte. Ihm wurde klar, dass er letztlich seine Wut und seinen Hass gegen sich selbst gerichtet hatte.

Frau T. fühlte sich zurückgewiesen, da ihr Bruder bei den Eltern immer besser angesehen war als sie. Ihre geheimen Programme *Ich genüge nicht* und *Ich bin zu kurz gekommen* wollte sie mit Leistung ausgleichen. Immer wieder war sie in Konkurrenzkämpfe verstrickt. Das führte zu starken Ärger- und Wutgefühlen. Frau T. erkannte, wie sehr sie ihrem Selbstwertgefühl durch ihr konkurrierendes Verhalten geschadet hatte.

Herr F. lebte in einer abhängigen Beziehung zu seiner Mutter. Seine geheimen Programme *Ich muss für meine Mutter sorgen und kann (darf) nicht selbstständig leben* sowie *Ich bin für meine Mutter verantwortlich* hatten ihn von Partnerbeziehungen ferngehalten. Innerlich fühlte er sich nicht als Mann, sondern als Kind. Er befand sich im goldenen Käfig und war seiner Freiheit beraubt. Während der Trauerarbeit setzte er sich mit seiner Unzufriedenheit sowie seinem inneren Groll auseinander. Ihm wurde klar, dass er bis dahin keine wirkliche Chance gehabt hatte, ein eigenes Leben zu führen.

In allen drei Fallbeispielen wird ein inneres Wutgefühl offensichtlich: Herr K. ist wütend, weil er nicht willkommen war, Frau T., weil ihr Bruder vorgezogen wurde, und Herr F., weil es ihm nicht gelang, sich von seiner Mutter zu lösen. Grundsätzlich ist zu sagen, dass in Wut keine Erlösung zu finden ist. Vielleicht ist es notwendig, dass Herr F. sich der tiefen Wut auf die Mutter bewusst wird, da er sie sich bisher nie eingestehen durfte. Häufig jedoch führt Wut in Selbstmitleid. Beklagt werden erlittene Ungerechtigkeiten, verpasste Chancen und eigene Fehler. Selbstmitleid führt immer zu einem Nein: *Nein, es hätte nicht passieren dürfen; nein, ich hätte mich anders verhalten müssen; nein, man hätte mich anders behandeln müssen.*

Trauerarbeit führt zu einem Ja: *Ja, ich hatte keine Möglichkeit, es zu ändern; Ja, ich bin Opfer der geheimen Programme; Ja, ich hatte keine Chance, weil die Dinge so sind, wie sie sind.*

Im Rahmen der Trauerarbeit ist es notwendig, dass ein Mensch echtes Mitleid mit sich selbst bekommt, weil er chancenlos war. Wenn sein Schicksal schwer war, benötigt er Trost.

Aus der Distanz heraus ist zu erkennen: Es war ein Kampf, der gegen die geheimen Programme geführt wurde. Dieser Kampf war nicht zu gewinnen, daher muss er beendet werden. Oft lässt sich die Wut nicht ohne weiteres abstellen. Sie gehört zu den typischen Gefühlen, die in der Persönlichkeit verankert sind.

Im Prozess der Trauerarbeit wird jeder mit der Frage konfrontiert: Warum gerade ich? Warum muss ich so ein schädliches geheimes Programm in mir tragen?

Niemand hat sich seine Familie, in die er hineingeboren wurde, aussuchen können. Auch unser Körper gehört so, wie er ist, zu uns. Die geheimen Programme sind Teil unserer selbst und gehören zu den Lebensaufgaben, die wir zu bewältigen haben. Sie wurden über soziale Vererbung erworben, sind im Zusammenspiel aus Erbanlagen und psychosozialen Umständen entstanden. Man kann sie als Erschwernisse oder Hindernisse betrachten. So wie es möglich ist, dass ein Mensch mit nur einem Arm auf die Welt kommt, sind auch die geheimen Programme unabwendbares Schicksal, bis sie bearbeitet werden.

Bisher war es so, dass wir uns unbewusst gegen diese Lernaufgaben gewehrt haben. Diesen Kampf bewusst zu beenden bedeutet »Kapitulation«. Nur in der Kapitulation ist die Befreiung von Selbstunterdrückung möglich.

Menschen bleiben in der Opferrolle, solange sie einen Schuldigen suchen, der für ihr Leben verantwortlich ist. Eventuell haben Eltern sich schuldig gemacht, etwa bei sexuellem Missbrauch oder Misshandlungen. Viele tragen einen Vorwurf an die eigenen Eltern in sich; unverzeihlich erscheint ihnen, was ihnen angetan wurde. Aus der Distanz heraus wird deutlich, dass dadurch das geheime Programm, etwa *Ich bin zu kurz gekommen* oder *Ich bin nicht satt geworden*, zementiert wird. Die Verantwortung für ein gestörtes Selbstwertgefühl wird den Eltern angelastet. Die Haltung: *Das verzeihe ich meinem Vater (meiner Mutter) nie!* ist fatal, weil sie selbstschädigend ist. Ein besseres Selbstwertgefühl kann erst entstehen, wenn man selbst die Verantwortung dafür übernimmt. Mit den inneren Vorwürfen bleibt das geheime Programm aktiv.

Wie bereits beschrieben ist das Ziel von Trauerarbeit Integration. Ein Ja zu Unabwendbarem will oft schwer erarbeitet werden. Immer wieder wollen schmerzhafte Erinnerungen besprochen, Hintergründe und Zusammenhänge verstanden werden. Auch die geheimen Programme der Eltern und der Großeltern tragen dazu bei, sich selbst und die eigene Entwicklung zu begreifen. Dass auch die Eltern Opfer ihrer geheimen Programme waren, ist für viele entlastend. Verzeihen steht am Ende eines Prozesses, der von Verstehen gekennzeichnet ist. Nur das, was ein Mensch verstanden hat, kann er auch verzeihen.

INTEGRATION

Der römische Philosoph Mark Aurel formulierte: »Im Laufe der Zeit hat die Seele die Farbe der Gedanken angenommen.« Nur mit Hilfe der neuen Programme gelingt es, der Seele eine neue Farbe zu geben.

Die Integration des neuen Programms verlangt nach konsequentem Handeln. Die geheimen Programme führten in vielen Fällen zur Resignation. Scheitern war vielfach vorprogrammiert.

Herr K. hatte sein geheimes Programm identifiziert: Er war das schwarze Schaf in der Familie. In den letzten Jahren hatte er sich mit Gelegenheitsarbeiten durchgeschlagen. Er war felsenfest davon überzeugt, dass aus ihm nichts werden würde. Bei der Auseinandersetzung mit seiner Programmierung erkannte er, wie früh sein Weg in die Erfolglosigkeit begonnen hatte. Als mittleres von drei Kindern war er schon in der Grundschule auffällig. Lernen fiel ihm schwer, und so nahm er die Rolle des Klassenclowns ein und zeigte schlechte Leistungen. Nur allmählich fand Herr K. Zugang zu der tiefen Trauer, die er bis dahin »eingepanzert« hatte. Zahlreiche Niederlagen machten es erforderlich, Schmerz abzuspalten, um ihn so nicht mehr spüren zu müssen. Stattdessen zeigte er sich aggressiv und radikal in seinen Ansichten. Insbesondere sich selbst gegenüber verhielt er sich rücksichtslos. Das zeigte sich beispielsweise im Umgang mit Suchtmitteln.

Als neues Programm wählte Herr K. *Ich bin ein Gewinner*. Ich bin ein Gewinner, weil ich nicht mehr »mit dem Kopf durch die Wand« will; mich an Regeln halte; meine Aufmerksamkeit auf meine Fähigkeiten lenke; mir selbst verzeihe; Geduld mit mir habe; Verantwortung für mein Leben übernehme; Zufriedenheit im Hier und Jetzt suche.

Herr K. hatte verstanden, dass er ein neues Leben beginnen musste, besonders wenn es darum ging, etwas durchzuhalten. Arbeitsstellen hatte er immer schon nach kurzer Zeit wieder aufgegeben, da es ihm schwerfiel, konsequent zu handeln und auch unangenehme Situationen durchzustehen. Eine weitere Gefahr erkannte er darin, zu hoch gesteckte Ziele zu verfolgen. In der Vergangenheit wollte er mitunter mit Gewalt aus der Rolle des schwarzen Schafes kommen, so war Scheitern vorprogrammiert.

Viele scheitern, weil sie ihre Vorhaben nicht zu Ende führen, etwa Ausbildungen abbrechen oder schwierige Situationen nicht durchstehen. Wer schnell resigniert und keinerlei Durchhaltevermögen hat, kann nicht zu Selbstverwirklichung gelangen. Besonders gefährdet sind in dieser Hinsicht Menschen, die während ihrer Kindheit Verwöhnung erleben mussten.

LOSLASSEN

Wer die Aufmerksamkeit auf das Hier und Jetzt richtet, wird sensibel für Gefühle und Stimmungen. Das muss manchmal trainiert werden.

Herr D. nahm wahr, dass er sich selbst häufig unter Druck setzte, eine innere Unruhe trieb ihn an. Nachdem er sich mit seinen geheimen

Programmen beschäftigt hatte, wusste er, dass die tiefere Ursache in seiner Überzeugung *Ich genüge nicht* zu finden war. Er lernte, sich selbst zurückzunehmen, in einen meditativen Zustand einzutreten und Gelassenheit zu spüren. Mit Hilfe des neuen Programms *Ich genüge mir immer* lenkte er seine Aufmerksamkeit auf die aktuelle Lebenssituation, auf das momentan Machbare und Notwendige.

Frau K. beobachtete ihre Gedanken, die ihr leicht entglitten und in unrealistische Übertreibungen und Katastrophenphantasien mündeten. Das verursachte Ängste, die sie gedanklich in den Griff bekommen wollte; verzweifelt suchte sie nach Lösungen, um so ihrer Angst entgegenzuwirken. Aus lauter Angst vor bösen Überraschungen hatte sie sich einem rigorosen Zweckpessimismus verschrieben. Nachdem sie ihre geheimen Programme analysiert hatte, war ihr bewusst, dass sie von ihrer Mutter die Überzeugung *Das Leben ist gefährlich* übernommen hatte. Sie lenkte ihre Gedanken auf das neue Programm: *Ich lasse los und vertraue dem Leben*. Sie bemühte sich, ihre Ängste loszulassen und auf Katastrophen-Phantasien zu verzichten.

Frau I. hatte drei Wochen zuvor begonnen, mit ihrem neuen Programm *Ich bin willkommen* zu arbeiten. In der therapeutischen Gemeinschaft sprach sie über ihr altes und ihr neues Programm. Anfangs wollten ihr die Worte kaum über die Lippen kommen. Erst als sie ihre Aufmerksamkeit dahin lenkte, wo sie spürte, dass sie willkommen war, wurde sie allmählich gelöst und fühlte sich wie von einer Last befreit, als sie feststellte, dass sie für ihre Daseinsberechtigung nicht immer etwas tun musste. Während der Gruppentherapie erzählte sie, wie wenig sie bei ihrer Mutter willkommen gewesen war. Ein starkes Pflichtgefühl hatte sie immer wieder veranlasst, die Mutter zu besuchen. Jedes Mal hatte sie ihr einen besonders teuren Blumenstrauß mitgebracht und sich im Gegenzug immer wieder Abwertungen und Demütigungen angehört. Frau I. entschied sich, die Mutter nicht mehr zu besuchen, sondern stattdessen die Aufmerksamkeit dahin zu lenken, wo sie willkommen war.

Herr J. beobachtete sich dabei, wie er, obwohl er in der Realität allen Grund hatte, mit sich zufrieden zu sein, immer wieder »die Löcher im Käse« suchte. Seine Gedanken richtete er hauptsächlich auf Dinge, in denen er möglicherweise nicht ganz so perfekt war; das nagte an seinem Selbstbewusstsein. Kleinigkeiten, Nebensächlichkeiten, geringe Abweichungen erhielten eine unangemessene Bedeutung. Er fühlte sich unzulänglich und »klein«; das schürte wiederum die Angst, dass ihm noch weitere Fehler unterlaufen könnten. Herr J. erkannte, dass sein geheimes Programm *Ich genüge nicht* wieder aktiv war. Er verordnete seinen Gedanken ein deutliches Stopp und aktivierte, indem er seine Aufmerksamkeit auf Positives, Gelungenes verlagerte, das neue Programm *Ich genüge mir immer (auch wenn ich nicht perfekt bin, wenn ich nicht bei jedem Menschen optimal ankomme).* So gelang es ihm zunehmend, seine frühe Programmierung loszulassen.

Auswirkungen negativer Programmierungen auf den Körper

Körper, Geist und Seele bilden eine Einheit. Daraus ergibt sich die Frage, wie sich die geheimen Programme im Körper abbilden. Alles, was geschieht, hat eine Resonanz im Körper. Stellen Sie sich vor, Sie werden Zeuge eines schweren Unfalls. Wenn Sie jetzt Ihre Körperreaktionen beobachten, werden Sie feststellen, dass einiges in Bewegung gerät: Das Herz schlägt schneller, die Knie werden weich, im Magen entsteht Druck oder Übelkeit, der Kopf ist leer, unwillkürlich hält man die Luft an, eventuell verhält man sich wie gelähmt oder möchte fortlaufen. Bei jemandem, der mit dem Rücken zur Unfallstelle steht, bleiben alle diese Körperreaktionen aus.

Alles, was wir erleben und denken, verursacht eine Resonanz im Körper, auch das Betrachten einer schönen Landschaft oder das Hören eines Musikstücks. Probieren Sie es aus: Beobachten Sie die Resonanz, wenn Sie Ihre Lieblingsmusik hören.

Auch Ihre geheimen Programme verursachen eine entsprechende Resonanz, deren wir uns jedoch meist nicht bewusst sind. Wir haben uns daran gewöhnt und glauben, dass es nur so und nicht anders sein kann. Besonders negative Programme führen zu Verstimmungen, Verspannungen, innerer Unruhe und Leere.

Der Volksmund kennt kluge Redewendungen, die auf den Zusammenhang von Körper und Seele hinweisen: Ihm wurde das Kreuz gebrochen; er ist niedergeschlagen; das war ein Schlag in den Magen; mir platzt der Kopf, die Galle läuft über; ihm wurde das Herz gebrochen.

Zweifellos wirken negative Programmierungen sich im Körper

aus. Sie verursachen Blockaden der Energieströme. Die bioenergetische Therapie nach Wilhelm Reich und Alexander Lowen unterscheidet verschiedene Körpertypen. Hier ist zu erkennen, wie der Charakter eines Menschen sich in seinem Körper abbildet. Der Körpertherapeut hat gelernt, im Körper eines Menschen zu »lesen« und dessen emotionale Blockaden zu erkennen.

Geheime Programme drücken sich unwillkürlich in Gestik, Mimik und Haltung aus. Auf subtile Weise wird das auch von den Mitmenschen wahrgenommen. Intuitiv reagieren sie mit ihren Verhaltensmustern auf die ausgesandten Signale. So entsteht ein Dialog auf einer völlig anderen Ebene des Bewusstseins. Negative Programmierungen suchen und finden Bestätigung im unbewussten Kontakt mit dem sozialen Umfeld. Der Blick, die Körperhaltung, die Tonlage der Stimme verraten viel mehr über die innere Welt als gemeinhin angenommen.

Destruktive Programme verursachen Stress, der auf Dauer zu Krankheiten führen muss. Innerer Druck äußert sich beispielsweise in erhöhtem Blutdruck. Resignation und Perspektivlosigkeit haben oft eine erschlaffte Muskulatur zur Folge.

Zu uraltem Wissen, etwa in der chinesischen Medizin, gehört, dass die gestörte Harmonie in der Seele zu Funktionsstörungen der inneren Organe führt. Die neuen Programme werden sich, wenn sie sich entfalten und gelebt werden, gesundheitlich unweigerlich positiv auswirken. Im Laufe der Zeit werden sich zunehmend Selbstsicherheit und Optimismus einstellen, was ebenfalls in die Umgebung ausstrahlt. Wenn Zufriedenheit mit sich selbst zur Grundstimmung wird, verändert sich auch die Qualität der persönlichen Kontakte. Wer gelernt hat, sich selbst zu mögen, geht mit einer neuen Haltung auf andere Menschen zu. Das wird sich in Körperhaltung, in Mimik und Gestik ausdrücken und von Mitmenschen wahrgenommen werden. Wer seine neuen Programme lebt, wird eine andere Wirkung auf sein Umfeld haben.

DER UMGANG MIT DEM EIGENEN KÖRPER

Der Körper ist das Vehikel, mit dem wir durch dieses Leben reisen. Wenn wir ihn ablehnen, wird es zu Störungen kommen müssen. Alles, was wir nicht wahrhaben wollen, was wir bekämpfen, wozu wir Nein sagen, was aber letztlich unabänderlich ist, verursacht inneren Stress.

Den eigenen Körper so anzunehmen, wie er ist, ihn interessant und schön zu finden ist die Aufgabe, die jedem Menschen gestellt ist. Versuche, ihn um jeden Preis verändern zu wollen, führen meist tiefer in die Unzufriedenheit. Ein großes Selbstwertproblem wird deutlich, wenn es einer zweistündigen Schminkarbeit bedarf, bevor man sich unter Menschen traut. Auch Männer versuchen zunehmend, über einen perfekt gestylten Körper ihr Selbstwertgefühl aufzupolieren. Die geheimen Programme *Ich genüge nicht* oder *Ich bin nicht satt geworden* werden lediglich neue Nahrung bekommen. Die Unzufriedenheit mit dem eigenen Körper kann wie ein Fluch wirken.

Herr G. war kleiner als der Durchschnitt. Schon als Kind litt er unter den Hänseleien der Mitschüler. Sein geheimes Programm *Ich genüge nicht* bezog sich in erster Linie auf seinen Körper. Er beklagte eine permanente Unzufriedenheit, die nur selten verschwand. Mit unterschiedlichen Gegenprogrammen versuchte Herr G. seine Minderwertigkeitsgefühle zu bekämpfen; in der Realität führte das zu noch größeren Selbstzweifeln. Immer versuchte er der Beste zu sein, bei Vorgesetzten suchte er nach Lob und Anerkennung. Über exklusive Sportarten wollte er Kontakt zur gehobenen Klasse herstellen. Unter immensen Anstrengungen baute er ein großes Haus, welches seine finanziellen Möglichkeiten überstieg. Um den finanziellen Bedarf zu decken, musste er viele Sonderschichten arbeiten. Er ließ sich leicht ausbeuten und wurde schließlich arbeitssüchtig.

Darüber, dass Herr G. sich mit seiner Körpergröße nicht abfinden konnte, wurde er krank. Während der Therapie konnte er sich zunächst nicht vorstellen, überhaupt zufriedener mit sich zu werden sowie seine Minderwertigkeitsgefühle loszulassen. Er klagte: Ich werde immer noch wegen meiner Körpergröße gehänselt. Der Therapeut bemerkte: Es gibt einen Unterschied zwischen Opfer- und Täterrolle. Das Opfer sagt: Ich werde gehänselt; der Täter sagt: Ich lasse mich hänseln. Die Frage des Therapeuten lautete: Sehen Sie eine Möglichkeit, mit den Hänseleien konstruktiv umzugehen? Herr G. erkannte, dass er leicht kränkbar war und dass es ein lohnendes Ziel sei, mit Kränkungen bzw. Versuchen, ihn zu »foppen«, gut zurechtzukommen. Er wollte die Dinge mit Humor sehen und in Zukunft jede Hänselei als Möglichkeit betrachten, unabhängiger zu werden und sich selbst anzunehmen. Außerdem nahm er sich vor, für solche Gelegenheiten dankbar zu sein.

Herr G. machte die Erfahrung, dass die abfälligen Bemerkungen der Mitpatienten ausblieben. Offensichtlich hatte sich seine Ausstrahlung verändert.

Als Kind und Jugendlicher war Herr G. in die Minderwertigkeitsfalle geraten. Aus der Perspektive des erwachsenen Mannes gelang es ihm, seine Situation neu zu bewerten: Er erkannte, dass es sinnlos ist, sich gegen seine Körpergröße zu wehren; dass andere ihn selbstverständlich so akzeptieren, wie er ist; dass Selbstliebe und Selbstannahme zu Zufriedenheit führen; dass andere Dinge des Lebens einen wichtigeren Stellenwert haben als die Körpergröße; dass jeder Mensch es selbst in der Hand hat, ob er sich in seiner Haut wohl fühlt oder nicht; dass er immer genügt. Die neue Sicht führte Herrn G. in die Selbstannahme. Auch Körpermeditation (Alpha Relaxing) half ihm, sich in seinem Körper aufgehoben zu fühlen.

Die Sinnfrage

Der bedeutende Wiener Arzt und Psychologe Viktor Frankl entwickelte eine Therapieschule, die davon ausgeht, dass die Sinnfrage zu den zentralen Fragen im menschlichen Leben überhaupt gehört. Viele Krankheiten sind nach seiner Überzeugung symptomatisch für Sinnkrankheiten; dazu gehören psychische Erkrankungen ebenso wie viele körperliche. Zufriedenheit und Glück lassen sich herstellen, wenn ein sinnvolles Leben gelebt wird.

Die folgenden Überlegungen habe ich bewusst ans Ende des Buches gestellt, da zur Lösung der Sinnfrage bestimmte Voraussetzungen erfüllt sein müssen.

→ Die Entscheidung, ein erwachsenes und selbstverantwortliches Leben zu führen, muss getroffen werden.

Ein Kind folgt den Vorgaben der Eltern und kann durchaus das Gefühl haben, ein sinnvolles Leben zu führen. Viele Menschen leben auch als Erwachsene »wie im Schlafwagen«, über den Sinn ihres Lebens dachten sie niemals nach. Obwohl sie vom Lebensalter her erwachsen sind, folgen sie den Vorstellungen der Eltern und treffen keine Entscheidungen, was sie mit ihrem Leben anfangen wollen. Erst die Auseinandersetzung mit ihren geheimen Programmen ermöglicht es, die Blockaden, die bisher ein selbstbestimmtes Leben verhinderten, zu erkennen.

UNABHÄNGIG WERDEN

Wenn man Erwachsene fragt, ob sie innerlich noch von ihren Eltern abhängig sind, werden das die meisten bestreiten. Mit etwas Abstand kann man jedoch erkennen, dass die geheimen Programme, die den negativen Spiegelungen der Eltern entstammen, die Klammer sind, die einen an die Erfahrungen der Kindheit binden. Man bleibt von den destruktiven Botschaften der Eltern, die diese bewusst oder unbewusst, gewollt oder ungewollt vermittelten, abhängig. Erst das neue Programm macht unabhängig von den Vorgaben der Eltern. Das selbstgewählte und in voller Überzeugung gelebte neue Programm macht erwachsenes Leben möglich.

Wer immer noch die Verantwortung oder Schuld für sein schlechtes Selbstwertgefühl bei den Eltern sucht, lebt in Abhängigkeit. Auf den ersten Blick scheint dies eine einfache Lösung nach der Devise: Was kann ich dafür, wenn meine Eltern ungerecht, unfähig, schwach oder abweisend waren? Viele haben es sich in ihrem Elend bequem gemacht. Sie leiden und warten darauf, dass die Lösung von außen kommt. Die Auseinandersetzung mit den geheimen Programmen hat gezeigt, dass das nicht passieren wird.

Erwachsenes Verhalten wird häufig unbewusst vermieden. Die bewusste Entscheidung, die Verantwortung für das eigene Leben zu übernehmen, aus der Opferrolle herauszutreten, macht frei für die eigene Lebensplanung.

→ Die zweite notwendige Bedingung: Die Entscheidung, sich selbst anzunehmen, muss getroffen werden.

Vielen ist es nur mit Hilfe der neuen Programme möglich, sich selbst so anzunehmen, wie sie sind, mit allen Fehlern und Schwächen. Dazu gehört auch, den eigenen Körper zu akzeptieren. Wer zu sehr mit äußerlichen Unzulänglichkeiten beschäftigt ist, verweigert sich unbewusst den wesentlichen Fragen des Lebens.

Selbstliebe ist die Basis dafür, dass man andere lieben und geschenkte Liebe integrieren kann. Wer sich selbst hasst, kann kaum zum Gelingen der großen Sache beitragen: Die Menschheit ist auf einem Weg, der zu mehr Zufriedenheit, Freiheit und Gerechtigkeit führt. Dazu einen Beitrag zu leisten, ist sinnvoll. Nicht jeder kann wie Karlheinz Böhm eine Stiftung gründen, die sich um das Elend in Äthiopien kümmert, aber jeder kann sich als kleines Rädchen in einem großen Getriebe begreifen, dem eine wichtige Aufgabe obliegt.

Ein stabiles Selbstwertgefühl haben sogenannte »Selbstverwirklicher«. Sie wissen, was sie wollen und warum sie etwas tun. Sie zeichnen sich dadurch aus, dass sie von ihren Idealen überzeugt sind und ihr Handeln im Einklang mit dem Sinn ihres Lebens steht. Sie stellen sich in den Dienst der Gemeinschaft und leben gemäß ihren Talenten und Fähigkeiten.

Hier ist eine Wechselwirkung zu erkennen. Wer von seinem Handeln nicht überzeugt ist und sich wie ferngesteuert erlebt, fühlt sich abhängig und »klein«. Sein Selbstwertgefühl ist schwach und brüchig.

»Wer ein Warum zum Leben hat, erträgt fast jedes Wie«, sagt Teilhard de Chardin. Es ist bedauerlich, mitunter auch tragisch, wenn Menschen Arbeiten verrichten müssen, die sie nicht befriedigen. Nicht jeder Job kann etwas Besonderes bieten, aber mit dem Rest der Tageszeit kann jeder etwas Besonderes anfangen.

Eine weitere Wechselwirkung ist auch da zu erkennen, wo es um die persönliche Energie geht. Wer von einer Aufgabe überzeugt ist, spürt, dass er auch die Energie hat, sie zu lösen. In der Geschichte finden sich Beispiele von gigantischen Lebensleistungen Einzelner, vollbracht vor dem Hintergrund, dass sie an sich und ihre Sache glaubten.

Der Stressforscher Mihaly Csikszentmihalyi bezeichnete mit dem Wort Flow (engl.: strömen, fließen) einen Zustand der Übereinstimmung mit dem innersten Streben. Dies meint, ganz in einer Sache, von der man zutiefst überzeugt ist, aufzugehen. Glückliche Menschen erleben das offensichtlich öfter. Flow kann in unterschiedlichen Lebensbereichen erlebt werden: bei der Arbeit, bei Musik, Hobby und Sport. Bergsteiger erleben Flow beim Betrachten einer Landschaft oder auch, wenn unter Entbehrung und Anstrengung ein Gipfel erreicht ist.

Ein bewusstes Leben klammert die Sinnfrage nie aus. Gerade

Krisen machen nicht selten darauf aufmerksam, dass die Sinnfrage nicht geklärt ist. Schwere Krankheiten etwa bringen Menschen mitunter dazu, ihr Leben radikal zu ändern. Während man die Krankheit, etwa eine Suchterkrankung, zunächst überhaupt nicht akzeptieren konnte, wird sie – verstanden und bearbeitet – zur Chance für ein besseres und glücklicheres Leben. Erst wenn man Dankbarkeit für eine Krise spürt, kann man sie integrieren.

ÜBER SICH HINAUSWACHSEN

Jeder ist in der Lage, über sich hinauszuwachsen und etwas zu tun, was er sich eigentlich nie zugetraut hätte. Damit ist keine maßlose, egoistische Selbstüberschätzung gemeint, sondern etwas, das der tiefen Überzeugung von einer Sache entspringt, von der man weiß, dass sie getan werden muss. Das macht Zufriedenheit aus; denn das Leben lässt sich nur vom Tode her beurteilen. Wenn man am Ende zurückschaut, werden sich die wichtigen Fragen von selbst stellen: Wofür habe ich gelebt? Wem konnte ich helfen? Wer wurde zufriedener und glücklicher, weil es mich gab? Wie viel Liebe konnte ich geben? Für welche Sache habe ich gekämpft?

Wenn Menschen sich zu wenig zutrauen, sind geheime Programme am Werk: *Das schaffe ich nicht, ich habe zu wenig Talent; es könnte schiefgehen.* Was wirklich in uns steckt, können wir erst beurteilen, wenn wir es ausprobiert haben.

Spiritualität

Der Blick auf die eigene Existenz und die Auseinandersetzung mit den geheimen Programmierungen führt zu der Frage, in welch größerem Zusammenhang das Leid in der Welt zu bewerten ist. Warum muss ausgerechnet ich eine Programmierung erleben, die so viele Probleme hervorbrachte? Diese Frage werden sich vermutlich viele stellen. Wir alle sind mehr oder weniger Träger eines kollektiven Leids. Unsere Gesellschaft sucht das Glück an der verkehrten Stelle. Das zeigen die Gegenprogramme, die typischerweise bei vielen zu beobachten sind und die allesamt nicht helfen. In vielen Beziehungen fehlt Liebe. Sie fehlt nicht nur im Umgang miteinander, sondern auch in Form wahrer Selbstliebe.

Menschen, die unter ihren geheimen Programmierungen leiden, spiegeln immer auch ein gesellschaftliches Problem. Das kollektive Gefühl, nicht erwünscht zu sein, nicht zu genügen und nicht satt zu werden, ist in einer Konsumgesellschaft tief verankert. Der spirituelle Weg kann dabei helfen, schädliche innere Programmierungen zu bearbeiten.

Die Erfahrungen mit Religion und Spiritualität sind unterschiedlich. Das Bedürfnis nach Transzendenz, sich mit etwas Höherem zu verbinden, ist in jedem Menschen angelegt; es ist ein Grundbedürfnis, jedoch vielfach verdrängt. Oft wird dieses Bedürfnis verleugnet oder aber in bestimmten esoterischen Zirkeln ausgelebt. Okkulte Praktiken, Kartenlegen, Pendeln oder Wahrsagen erleben Hochkonjunktur. Für die Entwicklung der Persönlichkeit sind diese Prozeduren jedoch wenig hilfreich. Im Grunde führen sie zu weiter nichts als eventuell zu Nervenkitzel. Wendet man sich jedoch den Wurzeln der Religionen zu, kann man dort wertvolle Quellen entdecken.

Die Vorstellung von einem Gott, der jeden gleichermaßen liebt und für gleich wichtig, wertvoll und einmalig erachtet, ist der Kern jeder Religion. Manche Dogmatiker jedoch verwässern diese Einsicht, indem sie Hierarchien schaffen. Damit geht etwas Wesentliches verloren. Es gibt ein Oben und Unten, einige sind wieder wichtiger und besser als andere und wähnen sich im Besitz der wahren Lehre. Religion wird häufig missbraucht. Mit einem strafenden Gott werden Schuldgefühle und Ängste erzeugt. Menschen werden auf Dogmen und Machtsysteme eingeschworen.

Spiritualität ist die Suche nach innerer Ruhe, Toleranz, Güte, Mitgefühl und Frieden. Ein spirituell Suchender übt sich im Zustand der Gelassenheit und selbstloser Liebe. Er wird unabhängig von Begierden und Stimmungen, er vermeidet Ärger und Wut.

Die Angst, nicht zu genügen, ist ein zentrales Problem. Spiritualität löst diese Angst auf. Die Frage, ob wirklich jeder willkommen ist, stellt sich nicht mehr.

Der spirituelle Weg ist der gewaltlose Weg. Dabei geht es nicht um Kampf, sondern um Loslassen. Tatsache ist, dass bestimmte Dinge in uns stärker sind als wir, das heißt, wir können sie nicht verändern. Der spirituelle Mensch glaubt an eine Kraft, die größer ist als er selbst. Ich verwende hier bewusst nicht das Wort »Gott«, weil es über die Jahrtausende allzu oft missbraucht wurde. Die Hinwendung zu etwas Höherem kann durchaus hilfreich sein, wenn man von der Richtigkeit einer Bitte überzeugt ist. An dieser Stelle hat das Jesus-Wort »Bittet und ihr werdet empfangen« Gültigkeit. Wenn es um Erlösung geht, dann geht es dem spirituell Suchenden um (Er)Lösung von den geheimen Programmen, die ihn von Selbstliebe und Selbstannahme abgehalten haben.

Die Berechtigung, an einem bestimmten Ort zu sein, kann aus einer politischen Perspektive durchaus fraglich sein: Ist ein Asylsuchender in unserem Land willkommen? Aus spiritueller Sicht ist jeder willkommen und berechtigt.

Es kann sein, dass deine Eltern dich nicht haben wollten, dass sie dich nicht lieben konnten; es kann sein, dass du ihnen nie genügen konntest; möglich, dass du bisher immer benachteiligt wurdest; …

Auch Spiritualität antwortet auf die zentralen Fragen: *Bin ich erwünscht, genüge ich, wurde ich satt?* Aus einer höheren Sicht lassen sich ebenfalls wesentliche und gültige Antworten finden. Ein Erwachsener klärt diese Fragen in sich – der spirituelle Mensch klärt sie darüber hinaus mit einer höheren Instanz.

Selbstverständlich ist jeder Mensch erwünscht; selbstverständlich genügt jeder, so wie er ist, mit seinen Fehlern und Schwächen.

Nächstenliebe wird erst möglich, wenn es Selbstliebe gibt. Nur wer sich selbst angenommen hat, wie er ist, kann auch andere annehmen, wie sie sind. Nur wer gnädig mit sich selbst ist, kann gnädig mit seinem Gegenüber sein. Geschenkte Liebe wird nur der annehmen und integrieren können, der überzeugt ist, dass sie ihm persönlich gilt, weil er weiß, dass er liebenswürdig ist. Das geheime Programm *Ich genüge nicht* verursacht immer eine mehr oder weniger starke Störung der Selbstliebe. Betroffene glauben, in den Augen anderer unzulänglich und schwach zu sein.

Die Lösung von den Vorgaben und Prägungen durch die Eltern ist besonders auf der spirituellen Ebene möglich. Aus einer übergeordneten Perspektive kommen gültigere Antworten.

Wahre Spiritualität fordert zu Verantwortungsübernahme heraus: für die eigene Person, die Mitmenschen und für die Welt.

Im häufig missverstandenen spirituellen Zwölf-Schritte-Programm der Anonymen Alkoholiker wird grundsätzlich von einer Macht ausgegangen, die größer ist als wir selbst. Sie wird dort »Gott – wie wir Ihn verstanden –« genannt, das bedeutet, dass niemand zu einem bestimmten Gottesbild gedrängt wird. Im siebten Schritt heißt es: »Demütig bitten wir Ihn [Gott], uns von diesen

Mängeln zu befreien.« Unter Mängel sind die geheimen Programme zu verstehen. Ich bitte darum, dass eine Last von mir genommen wird – das ist der Weg. Jeder Versuch, es zu bekämpfen, ist zum Scheitern verurteilt. Loslassen, indem ich darum bitte, dass etwas von mir genommen wird.

Die Hinwendung zu den spirituellen Tugenden, zu innerer Ruhe, Toleranz, Güte, Mitgefühl und Frieden verhelfen der Persönlichkeit zu Reife und Zufriedenheit. Es geht nun nicht mehr darum, Leid zu vermeiden, sondern darum, das Leid zu integrieren. Der Weg führt durch Schmerz zu einem Ja zum Leben als Geschenk.

MEDITATION

Der Königsweg spiritueller Entwicklung ist die Meditation. Meditationstechniken sind sehr unterschiedlich. Entscheidend ist, auf bestimmte Grundvoraussetzungen zu achten: Meditation kann Psychotherapie nicht ersetzen, aber wirkungsvoll unterstützen. Die effektivste Weise, an sich selbst zu arbeiten, sind Psychotherapie und Meditation. Der Raum, in dem Meditation stattfinden soll, muss frei von Abhängigkeiten sein. Nicht selten besteht die Gefahr, von Gurus und selbsternannten Heilsbringern abhängig zu werden; leicht kommt es in diesen Fällen zu materieller oder sexueller Ausbeutung.

In der Meditation wird der Geist beruhigt. Ziel ist es, die Gedanken zu kanalisieren und schließlich anzuhalten. Das ist nicht ganz einfach, weil der Mensch sich ständig in einer flirrenden inneren Unruhe und Nervenüberreizung befindet und ihm ununterbrochen Gedanken durch den Kopf gehen.

In einem ruhigen Raum abseits allen Trubels aufrecht zu sitzen und die Aufmerksamkeit zwanglos auf einen Meditationsgegenstand zu lenken führt zur Beruhigung des Geistes und zur Entspannung des Körpers. Stressforscher wie der Amerikaner Herbert Benson konnten die Veränderungen im Körper während der Meditation messen: Die Gehirnwellenfrequenz verändert sich; die Amplituden werden höher und länger, so wie dies auch im Tiefschlaf geschieht; sogenannte Alpha-Wellen lassen sich beobachten. Der Geist befindet sich in vollem Bewusstsein, der Körper in einem ähnlich entspannten Zustand wie während des Schlafs. Der Blutdruck sinkt, der galvanische Hautwiderstand nimmt ab, die Atmung wird langsamer, die Herzfrequenz sinkt. Ein weiterer wichtiger Hinweis auf die gesundheitsfördernde Wirkung von Meditation ist die Tatsache, dass der Milchsäurespiegel, der als Kriterium für Angstbereitschaft gilt, sinkt. Tatsächlich fühlen sich Menschen, die regelmäßig meditieren, aufgrund des niedrigeren Milchsäurespiegels weniger ängstlich, zudem wird das Grundvertrauen gestärkt. Der gesamte Organismus erfährt eine positive Beeinflussung, das Immunsystem wird gestärkt. Mit Hilfe moderner bildgebender Verfahren konnte gezeigt werden, dass sich im Gehirn neue Verknüpfungen bilden. Menschen, die regelmäßig meditieren, können sich deutlich besser konzentrieren.

Tiefe Entspannung, die wir während der Meditation erleben, ist auch der geeignete Nährboden, um ein neues Programm zu verankern. Suggestionen erreichen das Unbewusste viel leichter und tiefer. Die positiven Leitsätze sickern tief in die Seele und stärken die Tendenz zu dem erwünschten Verhalten.

Eine leicht zu praktizierende Methode, die jeder anwenden kann, ist »Alpha-Relaxing«.

ALPHA-RELAXING[7]

Viele Menschen, die meditieren wollen, sind mit den östlichen Methoden überfordert. Wer kann schon als durchschnittlicher Mitteleuropäer stundenlang mit verschränkten Beinen dasitzen? Alpha-Relaxing bietet einen leichten Einstieg, da die »Meditationsgegenstände« ständig wechseln. Es geht um eine Art »Körperreise«. Der Übende wird angehalten, sich immer neue, lichtgefüllte Räume in seinem Körper vorzustellen: »Lenken Sie die Aufmerksamkeit auf den Raum in Ihren Händen, der mit Licht gefüllt ist.« Nach einer Pause von etwa 20 Sekunden erfolgt die nächste Anweisung: »... auf den Raum in Ihrem Daumen, der mit Licht gefüllt ist.« Die Reise geht schließlich durch den ganzen Körper und dauert in diesem Fall etwa 20 Minuten. Allmählich gelingt es, lichtgefüllte Räume im Körper wahrzunehmen. Die Arbeit mit Licht hat eine antidepressive Wirkung, die Stimmung wird auf sanfte Weise angehoben. Im Laufe der Zeit wird es möglich, das Licht im Körper »einzuschalten«.

Im Zustand der Versenkung wird der Geist beruhigt, und im Gehirn entstehen sogenannte Alpha-Wellen, die mittels EEG sichtbar werden. In diesem Zustand gelingt es, neue Programme tiefer zu verankern. Gegen Ende der Übung wird das neue Programm formelhaft wiederholt, etwa *Ich genüge mir immer* oder *Ich bin willkommen.* Das neue Programm will »gefühlt« werden – ich spüre, dass es richtig ist. Damit wächst der Glaube an das Programm; denn, wie bereits beschrieben, der Glaube ist die stärkste Energie im Menschen und das Selbstwertgefühl wird von innen gestärkt.

Selbstverständlich eignen sich auch andere Meditations- oder Versenkungstechniken für diese Übung.

Während einer Meditation stellt sich eine neue Form des Bewusstseins ein: der Zustand des Nichtdenkens. Erst sind es wenige Augenblicke, in denen die Gedanken zum Stillstand gebracht werden, bei fortschreitender Übung gelingt es immer besser, einfach nur da zu sein. Während des Nichtdenkens kommt eine tiefe Zufriedenheit auf, die aus dem Nichts zu kommen scheint. Das neue Programm, *In mir finde ich alles, was ich brauche*, wird »erlebt«.

Unser eigener Gedankenterror macht uns unglücklich: Wir sind viel zu sehr mit unseren Gedankengängen identifiziert. So verbringen wir viel Zeit mit unnützen Gedanken, die weder zu guten noch wenigstens brauchbaren Ergebnissen führen. Unser Nachdenken oder Grübeln bezieht sich in der Regel entweder auf Vergangenes, das ohnehin nicht mehr zu ändern ist, oder aber auf Zukünftiges, das (noch) nicht in unserer Macht steht. In dem Augenblick, in dem sich unsere Gedanken im Kreise drehen, melden sich »automatisch« die geheimen Programme wieder, da man mit ihnen identifiziert ist. Entscheidend ist, die Kontrolle über seine Gedanken zu bekommen, eine wichtige Übung im Rahmen von Meditation.

Selbstverständlich ist Denken sinnvoll. Wir brauchen unseren Verstand, um Probleme zu lösen oder aber Lösungsstrategien zu entwickeln; allerdings brauchen wir ihn dafür viel seltener, als wir glauben. Viel dringender benötigen wir schöpferische Pausen und die Möglichkeit, uns mit unserem »innersten Selbst« zu verbinden. In den östlichen Traditionen ist die Rede von *no-mind*, damit ist Nichtdenken gemeint. Während dieser Zeit haben die geheimen Programme keine Macht über uns; und nicht nur das: In diesem Zustand erfahren wir Frieden, Sättigung, Freude, Entschleunigung und Ruhe.

Wie deutlich wurde, werden Glück und Zufriedenheit entscheidend durch unser Selbstwertgefühl bestimmt. Den eigenen Wert müssen wir nicht erst erfinden oder erarbeiten, er ist selbstverständlich zu jeder Zeit gegeben – oft jedoch verschüttet bzw. überlagert von schädlichen geheimen Programmen, die schon früh in unserer Seele verankert wurden. Diese zu entschlüsseln und zu ersetzen ist Ziel dieses Buches. Neue Programme weisen den Weg zu einem unbeschwerten, bereicherten und glücklichen Leben.

Die psychologische Forschung zur Persönlichkeit zeigt übereinstimmend, dass Eigenheiten, Eigenarten sowie auch einmal erlernte Einstellungen nachhaltig wirksam sind und sich nur schwer ersetzen lassen. Trotzdem ist Veränderung möglich; auf Dauer können neue Programmierungen zu stabilen inneren Strukturen werden; die Gefahr, in gewohnte Verhaltensweisen zurückzufallen, sinkt zunehmend.

Die Umstrukturierung unseres Lebens lohnt, geht es doch um die Entfaltung des eigenen wahren Kerns; so bleiben wir uns selbst treu und werden so, wie wir wirklich sind.

→ Immer dann, wenn wir verständnisvoller, zufriedener, gütiger und freundlicher mit uns selbst oder anderen umgehen, leben wir im neuen Programm; dadurch wird die Welt verändert.

Abschließend möchte ich noch einige Fallbeispiele vorstellen, in denen es um innere Konflikte geht, die gegenwärtig in unserer Gesellschaft relativ häufig vorkommen. Vermutlich werden sich viele Menschen zum Teil oder auch ganz darin wiedererkennen. Mögen die folgenden Lebensgeschichten dazu ermutigen, sich mit Hilfe neuer Programme auf neue Lebenswege zu begeben.

> *Verwöhnung*
> Herr S. wurde verwöhnt. Er hatte zwei wesentlich ältere Schwestern, die gemeinsam mit der Mutter Schwierigkeiten und Probleme weitestgehend von ihm fernhielten. Wünsche und Bedürfnisse wurden möglichst befriedigt. Er berichtet, dass er mit Liebe und Zuneigung überschüttet worden sei. Herr S. fahndet nach seiner geheimen Programmierung. Zunächst meint er, dass es keinerlei negative Spiegelungen gegeben habe, da er ja immer nur positive Zuwendung erfuhr. Auf die Frage, welche Symptome er bei sich selbst feststelle, antwortet er, häufig unter Leere und Langeweile zu leiden. Oft fühle er sich depressiv und unzufrieden. Fast immer träume er vom Schlaraffenland, davon, dass sich seine Unzufriedenheit auflöse und Zufriedenheit und Glück in sein Leben einziehen würden. Dabei glaube er, selbst nichts für sich tun zu können, sondern sei vielmehr der Meinung, dass die Lösung von außen kommen müsse. Herr S. berichtet außerdem, dass er großes Talent darin entwickelt habe, andere so zu manipulieren, dass sie seine Bedürfnisse befriedigten.

Es wird deutlich, dass Herr S. trotz Verwöhnung nicht wirklich satt wurde: ein Problem der meisten Menschen, die Verwöhnung erleben mussten. So lautet die innere Programmierung auch: *Ich bin nicht satt geworden.* Weitere Themen sind *Ich kann nicht alleine…; Ich kann es nicht selbst, Befriedigung kann immer nur von außen kommen.*

Das Drama besteht darin, dass Herr S. trotz enormer Verwöhnung tatsächlich immer »hungriger« wurde. Er lernte nie, sich an einer eigenen Leistung zu freuen. Immer nur etwas zu bekommen, macht nicht wirklich satt, sondern immer hungriger. Die Spiegelung lautete: *Du bist ein glückliches Kind, weil du alles, was du dir wünschst, (von mir) bekommst.* Zufriedenheit lässt sich so jedoch nicht erreichen. Viel eher lässt sich Zufriedenheit darüber herstellen, dass ein Mensch lernt, selbst etwas zu erarbeiten, schwierige Aufgaben zu lösen, zu verzichten und Frustrationen durchzustehen.

Neben dem Grundgefühl, nicht satt geworden zu sein, existiert auch das geheime Programm *Ich bin hilflos*. Dadurch entsteht eine Blockierung des inneren Antriebs – man weiß nicht, was man wirklich will, auch nicht, was man sich zutrauen kann. Ebenfalls zu erkennen ist das Programm *Ich genüge nicht*. Immer wieder erlebt Herr S., dass er Vorhaben und Aufgaben nicht erfüllt, dass er Konflikten aus dem Weg geht. Das verursacht starke Minderwertigkeitsgefühle.

Mit Verwöhnung ist eine Form des emotionalen Missbrauchs verbunden. Jemand, der ein Kind verwöhnt, verfolgt meist unbewusst egoistische Ziele. Er sorgt nicht wirklich für das Wohl des Kindes; denn dann würde er Wert auf die Entwicklung von Selbstständigkeit sowie Eigenverantwortung legen; notwendige Grenzen setzen und dem Kind auch berechtigte Frustrationen zumuten. Stattdessen versucht man, alles für ein Kind zu tun, um seine Liebe zu gewinnen. Man will das Kind ganz für sich selbst einnehmen, es für sich besitzen. Der Hunger des Kindes nach Liebe soll durch Verwöhnung gestillt werden. Das Kind wird zum Objekt der eigenen Bedürfnisbefriedigung – darin besteht der emotionale Missbrauch. Manchmal wird ein Kind auch verwöhnt, weil Eltern das geheime Programm *Ich bin zu kurz gekommen* in sich tragen. Nach dem Motto, mein Kind soll es besser haben, wird es materiell überversorgt.

Wie viele verwöhnte Menschen fand Herr S. bei der Selbstwertanalyse auch das geheime Programm *Ich will Kind bleiben* als lebensbestimmend heraus.

Verwöhnte Menschen fühlen sich abhängig, »klein« und minderwertig, auch wenn sie mitunter nach außen eine sehr anspruchsvolle Haltung zeigen. Als Gegenprogramm setzte Herr S. alles Erdenkliche ein, um Zufriedenheit zu erreichen. Als Jugendlicher waren es zunächst Partys, die als Bühne dienten. Rasch kam er in Kontakt mit Drogen, konsumierte insbesondere Kokain, was sein Bedürfnis nach einem großartigen Selbstgefühl befriedigte. Hiervon wurde er schnell abhängig.

Auch seine häufig wechselnden Partnerbeziehungen waren ein Versuch, die innere Unzufriedenheit zu bewältigen (also Gegenprogramm). Da keine der Partnerinnen den inneren Hunger wirklich stillen konnte, musste er – fast süchtig – immer neue Beziehungen suchen.

Zu seinem Gegenprogramm zählt auch die gut entwickelte Fähigkeit, andere zu seiner Bedürfnisbefriedigung zu animieren und zu missbrauchen: seine Begabung, sich hilflos zu stellen, damit andere seine Arbeit erledigen; sein Geschick, im richtigen Augenblick zu verschwinden, wenn Aufgaben zu verteilen sind; seine Meisterschaft im Erfinden von Ausreden; sein Instinkt für Menschen, die sich missbrauchen lassen, die nicht Nein sagen können – das alles sind Überlebensstrategien, die letztlich nicht zu einem starken Selbstwertgefühl beitragen. Seine Trickkiste (Gegenprogramm) ist gefüllt mit allen möglichen Gaukelspielen, mit denen er andere, aber auch sich selbst manipuliert. Auch die besten Gegenprogramme taugen nicht zur Lösung des Problems. Im Gegenteil: Sie verstärken letztlich das Gefühl von Unzulänglichkeit und Scheitern. Verwöhnung führt zu einer emotionalen Verwahrlosung und ist nur mit Anstrengung aufzulösen.

Betrachtet man die negativen Programme, dann wird klar, dass nur eine grundsätzliche Umorientierung zur Heilung führen kann. Herr S. musste die Entscheidung treffen, erwachsen werden zu wollen. Das erschien ihm zunächst undenkbar.

Vor allem die Programmierung *Ich bin nicht satt geworden* verursachte permanente Unzufriedenheit. Wohin Herr S. auch ging, wohin er sich auch wandte, das Gefühl, hungrig und gierig zu sein, begleitete ihn.

Das neue Programm lautet: *In mir selbst finde ich alles, was ich brauche.* Herrn S. erschien diese Einstellung zunächst völlig unmöglich, war er doch vom Gegenteil überzeugt. Solange Herr S. die Lösung nicht in sich selbst sucht, wird er abhängig und hungrig bleiben.

Der Satz *In mir selbst finde ich alles, was ich brauche* will »gefühlt« werden. Daher war es zunächst notwendig, dass sich Herr S. von der Richtigkeit der Aussage überzeugte. Wo sonst außer in sich selbst sollte Herr S. nach dem suchen, was ihn wirklich satt und zufrieden macht? Aus der Perspektive des erwachsenen Mannes konnte er erkennen, dass seine bisherige Suche scheitern musste, dass alles, was ihm bisher geschenkt und hinterhergetragen worden war, zu seinem Nachteil gewesen war, dass die Verwöhnung ihn ins Unglück geführt hatte. Er erkannte, dass er die Mutter idealisiert und als einzige Person betrachtet hatte, die ihn wirklich liebte. Es fiel ihm schwer, zu realisieren, wie sehr sie ihm geschadet hatte.

Herr S. entschied sich, die Verantwortung für sein Leben zu übernehmen.

Er erkannte, wie sehr er in seiner derzeitigen Beziehung seine Partnerin zur Befriedigung seiner Bedürfnisse missbrauchte. Ihm wurde bewusst, dass er sie nicht liebte, sondern vielmehr von ihr abhängig war. Jegliches Aufrechterhalten der Beziehung würde bleibende Unzufriedenheit bedeuten. Trotzdem hatte Herr S. Angst und Schuldgefühle, wenn er an Trennung dachte. Weil die Partnerin so viel für ihn getan hatte, fühlte er sich verpflichtet, in der Beziehung zu bleiben. Schließlich fand er den Mut zu einer offenen Aussprache und zur Trennung.

Der Weg in die Selbstverantwortung ist mitunter hart, aber wesentlich befriedigender. Erstmals wagte Herr S., sich auf eigene Füße zu stellen. Er lenkte den Blick auf seine Fähigkeiten und machte sich bewusst, dass er über einen gesunden Menschenverstand verfügte und seine Intelligenz mindestens durchschnittlich war. Außerdem hatte er kreative Fähigkeiten, die er bisher nicht hatte nutzen können, da er die altbekannte Erwartung pflegte, dass Hilfe und Unterstützung nur von außen kommen können. Und tatsächlich hatten andere ihm ja immer alles abgenommen.

Niemand, der sich verändern will, ist vor Verhaltensrückfällen sicher. Für verwöhnte Menschen ist der Rückfall in eine Haltung der Selbstschonung typisch. Auch die bequeme Position, wieder andere für sich »arbeiten« zu lassen, ist zu beobachten. Unbestritten ist es für verwöhnte Menschen schwer, das richtige Maß zu finden. Damit es ihnen wirklich gut geht, müssen sie meist viel mehr tun als andere. Wenn sie wieder damit beginnen, »sich gehen zu lassen«, versinken sie in eine depressive Verstimmung, aus der sie sich nur schwer wieder lösen können. Eine feste Tagesstruktur ist daher sinnvoll und wichtig. Die Devise lautet dann: *richtig arbeiten und richtig entspannen.*

Herr S. kam der Empfehlung nach, eine Meditationsmethode zu praktizieren, um auf diesem Wege innere Unabhängigkeit zu erleben.

Die auf Verwöhnung beruhenden Verhaltensweisen wurden

zum Bestandteil der Persönlichkeit; sie werden von den Betroffenen mitunter nicht wahrgenommen. Sie glauben, dass es normal sei, dass man sie verwöhnt. Daher benötigen sie »Rückmeldungen« über ihr selbstdestruktives Verhalten. Diese können Partner, Freunde, Menschen aus einer Selbsthilfe- oder Therapiegruppe geben, wenn man sie darum bittet.

Wie vielen verwöhnten Menschen fiel es Herrn S. schwer, seinem Leben einen Sinn zu verleihen. In seinem Innern war er Kind geblieben. Erst als er sich mit den Folgen der Verwöhnung auseinandersetzte, wurde ihm bewusst, dass seine geheimen Programmierungen ihn davon abgehalten hatten, Verantwortung für sich selbst und sein Leben zu übernehmen. Die Entscheidung, seine neuen Programme zu leben und nach Sinn zu suchen, veränderte sein Leben.

Fremdbestimmte Lebensplanung

Frau T. wuchs in der DDR auf. Als Jugendliche entwickelte sie den Wunsch, Lehrerin zu werden. Dafür war es erforderlich, an der Feier zur Jugendweihe teilzunehmen und Mitglied der SED zu werden. Aus religiösen Gründen lehnte der Vater beides ab, Frau T. musste Arbeiterin in der Industrie werden. In ihrem Beruf zeigte sie großen Ehrgeiz, nahm an jeder Fortbildung teil und arbeitete sich bis zur Abteilungsleiterin hoch. Bald nach der Wende wurde der Betrieb geschlossen und alle Bemühungen, einen neuen Arbeitsplatz zu finden, schlugen fehl. Anfänglich fand sie eine befriedigende Tätigkeit darin, für ihre beiden Kinder zu sorgen. Später erkrankte der Vater an Demenz. Frau T. fühlte sich für die Pflege zuständig; schleichend geriet sie in eine immer tiefere psychische Krise.

Bei der Selbstwertanalyse wurde deutlich, dass Frau T. das geheime Programm *Ich muss gehorchen* in sich trug. Dieses brachte sie dazu, sich anzupassen und den Erwartungen anderer nachzukommen, ohne auf die eigenen Bedürfnisse zu achten. Außerdem entdeckte sie das geheime Programm *Ich bin zu kurz gekommen.*

In der krisenhaften Lebenssituation zeigten sich ihre Programmierungen besonders deutlich. Obwohl sie mit der Pflege des Vaters überfordert war und alle Familienmitglieder ihr rieten, ihn in ein Pflegeheim zu geben, konnte sie sich vor dem Hintergrund des geheimen Programms *Ich muss gehorchen* nicht dazu entschließen. Bisher war sie den Erwartungen des Vaters immer nachgekommen; dies nicht zu tun, löste bei ihr Angst und Schuldgefühle aus. Gleichzeitig erkannte sie, dass sie selbst ein fremdbestimmtes Leben führte, während andere ihre eigenen Wünsche verwirklichten. Darüber war Frau T. verzweifelt und wütend. Da sie keine Chance sah, dieser Zwickmühle zu entkommen, richtete sie die Wut gegen sich selbst. Ihre emotionale Stabilität wurde immer schwächer, die depressive Symptomatik immer bedrückender.

Die Formulierung neuer Programme fiel Frau T. schwer. Schließlich formulierte sie: *Ich lebe meinen Traum.* Wie jedes neue Programm erschien Frau T. auch dies zunächst viel zu optimistisch. Doch sie gestaltete ihr Leben tatsächlich neu. Sie erkannte, dass sie sich in Beziehungen viel zu abhängig gemacht hatte, und entschied sich, obwohl es sie schmerzte, der Heimunterbringung ihres Vaters zuzustimmen.

Sie lernte, ihre eigenen Bedürfnisse zu verfolgen, Nein zu sagen, wenn es notwendig war, und zog in eine andere Stadt, wo sie eine Arbeitsstelle fand. Sie suchte nach Möglichkeiten, Erfahrungen und Wissen weiterzugeben. Ihrem Traum, Lehrerin werden zu wollen, blieb sie treu.

Helfersyndrom

Frau P. wuchs in schwierigen Verhältnissen auf. Die Ehe der Eltern drohte schon früh zu zerbrechen. Als Kind passte sie sich an und versuchte, die Stimmung in der Familie positiv zu beeinflussen. Mit allen ihr zur Verfügung stehenden Mitteln versuchte sie die Ehe der Eltern zu retten. Als sie acht Jahre alt war, verließ der Vater die Familie. Frau P. entwickelte das geheime Programm *Ich muss retten und um Liebe kämpfen.* Da alle Mühe umsonst gewesen war und der Vater sie verlassen hatte, entwickelte sie auch die geheimen Programmme *Ich genüge nicht* und *Ich bin schuldig* (mein Vater wäre bei mir geblieben, wenn ich mich mehr angestrengt hätte). Sie fühlte sich zurückgewiesen und tief verletzt.

Als typisches Gegenprogramm entwickelte Frau P. ein exzessives Leistungsverhalten, ließ sich in verschiedenen Firmen als Buchhalterin ausbeuten und sich sogar um den ihr zustehenden Lohn bringen. Ein weiteres Gegenprogramm war in ihrem Perfektionismus zu erkennen. Dem Bedürfnis, endlich zu genügen, konnte sie damit jedoch nicht gerecht werden. Gedanklich war sie häufig mit Selbstabwertungen beschäftigt. Sie neigte zum Grübeln, und wenn sie ihren eigenen hohen Ansprüchen nicht genügte, fühlte sie sich schuldig.

Auch im Freundeskreis ließ sie sich missbrauchen. Besonders in Partnerbeziehungen wirkten sich ihre geheimen Programmierungen negativ aus. Unbewusst fand Frau P. immer neue bedürftige Partner, die sie retten wollte. Diese Beziehungen verliefen unglücklich, da sie sich ausgebeutet und vernachlässigt fühlte. Sie entwickelte psychische Symptome wie Schwindel, Angst und depressive Verstimmungen. Frau P. fühlte sich ausgebrannt und überfordert.

Während der Therapie setzte sie sich mit ihren geheimen sowie ihren Gegenprogrammen auseinander. Sie erkannte die Systematik ihrer selbstdestruktiven Verhaltensweisen. Das geheime Programm *Ich muss retten* hatte sie schon als Kind in die Selbstausbeutung getrieben. Frau P. dachte über ein neues Programm nach. Sie fand es in den Einstellungen *Ich brauche nichts zu tun, um geliebt zu werden* und *Ich bin eine liebenswerte Frau.* Ihr wurde bewusst, dass sie weder die Ehe der Eltern noch irgendeinen anderen Menschen retten konnte; sie konnte nur sich selbst retten. Alle Versuche, über Rettung anderer ihr eigenes Selbstwertgefühl aufzurichten, sich Liebe zu verdienen, mussten fehlschlagen.

Aus der Distanz heraus wird deutlich, dass hier Trauerarbeit erforderlich war. Die schmerzhaften Entwicklungen, die Ereignisse der Vergangenheit mussten, um zu verstehen, was dem inneren Kind angetan wurde, immer wieder besprochen werden. Auch galt es zu klären, warum es Frau P. bisher nicht möglich gewesen war, nach einem besseren Programm zu leben.

Die Hinwendung zu einem neuen Programm nach dem Hier-und-Jetzt-Prinzip bedeutet, ein neues Leben zu beginnen:

In der therapeutischen Gemeinschaft lernte Frau P. sich abzugrenzen und bei Forderungen, denen sie nicht nachkommen wollte, Nein zu sagen. Immer wieder erlebte sie, dass sich Mitpatienten mit Wünschen an sie wandten, so als trage sie einen Magneten in sich, der Hilfsbedürftige anzog. Sie machte die wertvolle Erfahrung, dass sie von anderen geschätzt wurde, auch wenn sie Nein sagte. Sie wurde, stellte sie im Nachhinein fest, wegen ihrer klaren Haltung sogar besser akzeptiert.

Das neue Programm *Ich genüge mir immer,* welches sie ebenfalls integrieren wollte, konfrontierte sie mit ihrem hohen und perfektionistischen Anspruch an sich selbst. Auch hier half ihr Selbstbeobachtung. Immer, wenn sie wieder übertrieben korrekt sein wollte, rief sie sich das neue Programm ins Gedächtnis: *Ich genüge mir immer* und *Ich brauche nichts zu tun, um geliebt zu werden.* Sie hatte verstanden, dass ihr Bemühen, andere zu retten sowie perfekt zu sein, das eigentliche Ziel hatte, sich selbst zu retten.

Essstörung

Essstörungen verursachen vielfältige Probleme, besonders wird das Selbstwertgefühl geschädigt. Ohne spezielle Behandlung sind Fortschritte kaum zu erzielen; der Teufelskreis einer Essstörung ist nur schwer zu durchbrechen.

> Frau G. wuchs in einem Geschäftshaushalt auf. Ihre Eltern hatten wenig Zeit, und das Klima in der Familie war kalt. Sie fühlte sich überflüssig und zurückgewiesen. Auch in der Schule war sie fast immer die Letzte, die zum Mitspielen aufgefordert wurde. Während der Therapie erkannte sie rasch das geheime Programm *Ich bin nicht willkommen*. Ebenfalls erkannte sie, dass sie ihren Eltern nie genügen konnte und vor dem Hintergrund der Ablehnung auch nicht genügend mit Wärme und Liebe versorgt worden war *(Ich bin nicht satt geworden!)*. Bereits als Kind hatte Frau G. begonnen, ihre innere Leere und Verzweiflung mit Essen zu kompensieren. Essen als Ersatz für Liebe führte schnell in die Esssucht. Als sie immer übergewichtiger wurde, begann sie, ihren Körper zu hassen. Schließlich erbrach sie das Gegessene und entwickelte eine Bulimie.

Der erste Schritt in der Behandlung einer Suchtkrankheit ist Abstinenz. Dies gilt auch für die Behandlung einer Esssucht. Da es von Essen keine totale Abstinenz geben kann, gilt es, die Nahrungsaufnahme auf das zu reduzieren, was der Körper braucht. Auf Essen als Droge, als Seelentröster, Stimulans oder Schlafmittel gilt es zu verzichten. Das ist der wichtigste Teil eines »Abstinenzverhaltens«. Betroffene müssen auf regelmäßige und angemessene Ernährung achten (z. B. drei Mahlzeiten pro Tag) und zuckerhaltige Nahrungsmittel vollkommen meiden. Gerade Zucker kann ein tatsächliches Suchtmittel werden, mit Entzugserscheinungen als Absetzungsreaktion (Zittern, Schweißausbrüche, Angst). Auch Diäten helfen nicht weiter, sie werden immer nur eine Zeitlang durchgehalten; die süchtigen Essgewohnheiten stellen sich wieder ein. Auch der Verzicht auf Light-Produkte ist wichtig, da sie Hungergefühle verstärken (der Zuckerersatzstoff Saccharin wurde für die Schweinemast entwickelt).

Ein positives Gefühl für den eigenen Körper kann sich erst allmählich wieder einstellen, wenn Abstinenz längere Zeit durchgehalten wird. Wenn das Essverhalten wieder unter Kontrolle ist, kann sich auch das Selbstwertgefühl stabilisieren. Mit dem Verlust der Kontrolle über das Essverhalten war die gesamte Selbststeuerung außer Kontrolle geraten. Vorhaben wurden nicht umgesetzt, das Sättigungsgefühl kam abhanden.

Frau G. korrigierte ihr Essverhalten inzwischen bereits seit vier Wochen. Bei den Mahlzeiten hielt sie sich an eine zuvor festgelegte Nahrungsmenge, auf »Zwischendurchessen« verzichtete sie völlig. Die Gier nach Süßigkeiten war verschwunden, die Hungergefühle stellten sich nun jeweils vor den Mahlzeiten ein. Nach dem Essen nahm sie zu ihrem Erstaunen ein Sättigungsgefühl wahr; sie fühlte sich wesentlich besser.

Ihrem Körper gegenüber hegte sie immer noch eine starke Ablehnung. Auf die Frage, was sie an sich selbst ablehne, antwortete sie, dass sie ihren Po und ihre dicken Oberschenkel hasse. Damit habe man sie bereits als Kind gehänselt.

Im weiteren Therapiegespräch wurde ihr bewusst, dass das geheime Programm *Ich hasse meinen Körper, meinen Po und meine Oberschenkel* ihr gesamtes Leben einschränken würde. Selbsthass würde sie davon abhalten, sich selbst zu mögen und sich in ihrem Körper wohlzufühlen. Niemand würde kommen und dieses negative Programm löschen. Selbst Menschen, die ihr bestätigten, dass sie hübsch war, konnten sie nicht von ihrer negativen Selbstbewertung abbringen. Die Unzufriedenheit mit sich selbst würde sie auf Dauer dazu bringen, sich wieder mit Essen zu betäuben. Frau G. war daher rückfallgefährdet.

Nachdem Frau G. klar war, dass sie nicht mit dem Leben eines Supermodels tauschen wollte, formulierte sie zögernd ein neues Programm: *Ich liebe meinen Körper, so wie er ist, ich nehme ihn an, so wie er ist; Ich bin unabhängig davon, wie andere mich sehen.*

Frau G. hatte verstanden, wie sehr sie sich von der negativen Bewertung durch andere abhängig gemacht hatte. Obwohl sie sich ständig bemüht hatte, anderen zu gefallen, konnten Komplimente sie nicht wirklich erreichen.

Mit Hilfe der Selbstwertanalyse fand Frau G. ihre geheimen Programme, nicht zu genügen und nicht erwünscht zu sein, sowie die positiven, neuen Programme, die sie immer selbstbewusster in ihr Leben integrierte.

Sexuelle Traumatisierung

Frau B. ist geschieden und lebt alleine mit ihren beiden Kindern. Im Alter von sechs Jahren wurde sie vom Nachbarn sexuell missbraucht. Die Eltern schwiegen den Vorfall tot; Frau B. bemühte sich, das Ereignis zu vergessen. Die suchtkranke Mutter neigte zu Gewalttätigkeiten, und das Klima in der Familie war kalt. Als sie mit siebzehn Jahren schwanger wurde, zwangen die Eltern sie zu einer Abtreibung. Typischerweise heiratete Frau B. einen suchtkranken Partner, der sie misshandelte, bis sie mit ihren Kindern flüchtete. Frau B. entwickelte eine Angststörung, Depressionen und verschiedene psychosomatische Symptome (Rückenbeschwerden, Magen- und Kopfschmerzen).

Bei der Selbstwertanalyse wurde deutlich, dass Frau B. sich völlig wertlos fühlte. Sie stieß auf die geheimen Programme *Ich genüge nicht* und *Ich bin nicht satt geworden*. Weiterhin wurde ihr das geheime Programm *Ich bin schuldig* bewusst. Solange sie sich zurückerinnern konnte, litt sie unter Schuldgefühlen: weil sie sich als Sechsjährige nicht gegen den sexuellen Missbrauch gewehrt hatte und weil sie dem Drängen der Eltern nachgegeben hatte, die Abtreibung vorzunehmen.

Zunächst versuchte Frau B., das geheime Programm *Ich genüge nicht* über Leistung zum Schweigen zu bringen. Das starke Bedürfnis, das geheime Programm *Ich bin nicht satt geworden* zu beenden, ließ sie immer wieder an Partner geraten, die sie sexuell ausbeuteten. Auch diesbezüglich entwickelte sie Schuldgefühle.

Unausweichlich war sie in den Strudel abhängiger Verhaltensweisen sowie abhängiger Beziehungen geraten. Früh wurden ihre persönlichen Grenzen verletzt, so dass sie nicht lernen konnte, sich angemessen zu wehren; das hatte zwangsläufig eine Ausbeutung in unterschiedlichen Lebensbereichen zur Folge.

Mit Hilfe der Selbstwertanalyse erkannte Frau B., dass sie bis dahin keine Chance gehabt hatte, an ihrer persönlichen Situation Grundsätzliches zu ändern. Nur eine völlige Neubewertung ihrer Person würde ihr helfen. Zunächst arbeitete sie mit den Programmen *Ich bin wertvoll* und *Ich bin unschuldig*.

Das Programm *Ich bin wertvoll* konfrontierte sie mit ihren positiven Eigenschaften und Handlungen. Sie sah zum Beispiel, dass sie ihren Kindern trotz aller Schwierigkeiten eine gute Mutter war. Indem sie sich das neue Programm immer wieder selbst suggerierte, wurden ihr auch weitere Bereiche bewusst, in denen sie mit sich selbst zufrieden sein konnte.

Das neue Programm *Ich bin unschuldig* anzunehmen, bereitete ihr zunächst Schwierigkeiten. Obwohl ihr aus der Perspektive der erwachsenen Frau klar war, dass sie sich als Sechsjährige nicht gegen sexuelle Übergriffe wehren konnte, hielten sich ihre Schuldgefühle hartnäckig. Das ist typisch für Menschen, die sexuellen Missbrauch erleben mussten. Frau B. beschloss jedoch, sich nicht mehr von Schuldgefühlen bestimmen zu lassen und so ein neues Leben zu beginnen. Mit Hilfe von Trauerarbeit gelang es ihr, die Opferrolle zu verlassen.

Anmerkungen

1 Siehe hierzu z. B.: H.-P. Röhr: Borderline bewältigen. Hilfen und Selbsthilfen. 5. Aufl. d. Neuausgabe. Patmos, Ostfildern 2021.
2 Hier sind besonders die Formen des emotionalen Missbrauchs zu beachten. Siehe z. B. hierzu: H.-P. Röhr: Wege aus der Abhängigkeit. Belastende Beziehungen überwinden. 6. Aufl. d. Neuausgabe. Patmos, Ostfildern 2020.
3 Zum Problem des emotionalen Missbrauchs siehe auch: H.-P. Röhr: Wege aus der Abhängigkeit.
4 Vgl. auch H.-P. Röhr: Narzissmus. Dem inneren Gefängnis entfliehen. 10. Aufl. d. Neuausgabe. Patmos, Ostfildern 2022.
5 Im Märchen »Vom Teufel mit den drei goldenen Haaren« symbolisiert ein Fährmann, der immer hin- und herrudern muss, das Problem. Siehe hierzu: H.-P. Röhr: Vom Glück, sich selbst zu lieben. Wege aus Angst und Depression. 14. Aufl. Patmos, Ostfildern 2021.
6 Siehe hierzu auch das Kapitel: Der Gefühlsbaum. In: H.-P. Röhr: Narzissmus, S. 170 ff.
7 Wer *Alpha-Relaxing* erlernen möchte, findet die Anleitung sowie eine Übungs-CD in: H.-P. Röhr: Erholung beginnt im Kopf. Tiefenentspannung durch Alpha-Relaxing. 8. Aufl. Patmos, Ostfildern 2020.

Literatur

Assagioli, R.: Die Schulung des Willens. Junfermann, Paderborn 1982.

Ellis, A.: Training der Gefühle. Wie Sie sich hartnäckig weigern, unglücklich zu sein. mvg, München 2000.

Ferenczi, S.: Sprachverwirrung zwischen dem Erwachsenen und dem Kind. In Schriften zur Psychoanalyse, Bd. II. S. Fischer, Frankfurt a. M. 1972.

Frankl, E. V.: Ärztliche Seelsorge. Grundlagen der Logotherapie und Existenzanalyse. S. Fischer, Frankfurt a. M. 1985.

Fromm, E.: Authentisch leben. Herder, Freiburg i. Br. 2000.

Goodwin, D. W.: Alkohol & Autor. Suhrkamp, Frankfurt a. M. 2000.

König, K.: Kleine psychoanalytische Charakterkunde. Vandenhoeck und Ruprecht, Göttingen 1993.

Lowen, A.: Freude – Die Hingabe an den Körper und das Leben. Goldmann, München 1996.

Mentzos, S.: Neurotische Konfliktverarbeitung. S. Fischer, Frankfurt a. M. 2003.

Rahn, E.; Mahnkopf, A.: Lehrbuch der Psychiatrie. Psychiatrie Verlag, Bonn 1999.

Richter, H. E.: Eltern, Kind und Neurose. Klett, Stuttgart 1963.

Riemann, F.: Grundformen der Angst. Reinhardt, München 1961.

Rogoll, R.: Nimm dich, wie du bist. Mit sich selber einig werden. Herder, Freiburg i. Br. 1991.

Röhr, H.-P.: Die Angst vor Zurückweisung. Was Hysterie wirklich ist, und wie man mit ihr umgeht. Neuausgabe. Patmos, Ostfildern 2018.

Röhr, H.-P.: Borderline bewältigen. Hilfen und Selbsthilfen. 5. Aufl. d. Neuausgabe. Patmos, Ostfildern 2021.

Röhr, H.-P.: Erholung beginnt im Kopf. Tiefenentspannung durch Alpha Relaxing. 8. Aufl. Patmos, Ostfildern 2020.

Röhr, H.-P.: Ich traue meiner Wahrnehmung. Heilung nach sexuellem und emotionalem Missbrauch. 4. Aufl. d. Neuausgabe. Patmos, Ostfildern 2021.

Röhr, H.-P.: Die Kunst, sich wertzuschätzen. Angst und Depression überwinden – Selbstsicherheit gewinnen. 10. Aufl. Patmos, Ostfildern 2020.

Röhr, H.-P.: Narzissmus. Dem inneren Gefängnis entfliehen. 10. Aufl. d. Neuausgabe. Patmos, Ostfildern 2022.

Röhr, H.-P.: Sucht – Hintergründe und Heilung. Abhängigkeit verstehen und überwinden. 9. Aufl. Patmos, Ostfildern 2020.

Röhr, H.-P.: Die vierte Seite des Suchtdreiecks – Über die Bedeutung von Spiritualität und Religiosität in der Therapie. Fredeburger Hefte Nr. 4, o. J.

Röhr, H.-P.: Vom Glück, sich selbst zu lieben. Wege aus Angst und Depression. 14. Aufl. Patmos, Ostfildern 2021.

Röhr, H.-P.: Wege aus der Abhängigkeit. Belastende Beziehungen überwinden. 7. Aufl. d. Neuausgabe. Patmos, Ostfildern 2022.

Sachse, R.: Histrionische und narzisstische Persönlichkeitsstörungen. Hogrefe, Göttingen 2002.

Sperling, F.; Massing, A.; Reich, G.: Die Mehrgenerationen-Familientherapie. Vandenhoek & Ruprecht, Göttingen 1992.

Walch, S.: Dimensionen der menschlichen Seele. Transpersonale Psychologie und holotropes Atmen. 3. Aufl. d. Neuausgabe. Patmos, Ostfildern 2017.